Sascha Ziegler (Hrsg.)

Ahnenforschung

Sascha Ziegler (Hrsg.)

Ahnenforschung

Schritt für Schritt zur eigenen Familiengeschichte

4. Auflage

Bibliografische Information der Deutschen Nationalbibliothek
Die Deutsche Nationalbibliothek verzeichnet diese Publikation in der Deutschen Nationalbibliografie; detaillierte bibliografische Daten sind im Internet über http://dnb.de abrufbar.

ISBN 978-3-86910-023-4 (Print)
ISBN 978-3-86910-141-5 (PDF)

Der Herausgeber: Sascha Ziegler ist Verleger, Erbenermittler, Nachlasspfleger und Gründer des Online-Portals www.ahnenforschung.net

Beiträge von:

Christian Benz, Regen, Moderator des Forums Namenforschung bei Ahnenforschung.Net.

Claus Billet, Filderstadt, Kunstmaler und Heraldiker sowie Moderator des Forums Heraldik

bei Ahnenforschung.Net.

Doris Reuter, Schortens, Redakteurin der Zeitschrift Computergenealogie im Ressort Software.

Birgit Wendt, Braunschweig, Chefredakteurin des elektronischen Newsletters Computergenealogie.

4. Auflage

Eine Marke der Schlüterschen Verlagsgesellschaft mbH & Co. KG,
Hans-Böckler-Allee 7, 30173 Hannover
www.schluetersche.de
www.humboldt.de

Lektorat: Eckhard Schwettmann
Covergestaltung: DSP Zeitgeist GmbH, Ettingen
Innengestaltung: akuSatz Andrea Kunkel, Stuttgart
Titelfoto: Corbis/Bob Krist
Fotos: Andrea Schick, Tutzing, CCvision
Zeichnungen: Vera Oppolzer
Redaktion: Stefan Vieregg, Gauting
Satz: PER Medien+Marketing GmbH, Braunschweig
Druck und Bindung: CPI Druckdienstleistungen GmbH, Erfurt

Inhalt

Vorwort

Seit einigen Jahren erlebt das Hobby Ahnenforschung in Deutschland einen Boom. Mit dem Aufkommen des Internets beschäftigt sich ein großer Teil der Gesellschaft mit der Geschichte seiner Familie, das Hobby zieht sich durch jedes Alter und jede soziale Schicht. Neueste Studien aus 2007 zeigen, dass 50 % aller Deutschen mehr über ihre Familiengeschichte erfahren möchten und dass sogar 14 % aller Deutschen schon einmal selbst geforscht haben. Dies erkennen auch zunehmend die Medien. So gab es schon zahlreiche Berichterstattungen und Serien z. B. in Stern, Spiegel oder Focus. Auch TV-Sender greifen das Thema immer wieder auf. So werden z. B. Prominente auf der Suche nach ihren Vorfahren von einem Fernsehteam begleitet.

Wo man noch vor 15 oder 20 Jahren mühevoll nach Kontakten und Organisationen suchen musste, helfen heute wenige Klicks im Internet weltweit die richtigen Ansprechpartner zu finden. Wer allerdings glaubt, im Internet mit ein paar Klicks eine komplette Aufstellung seiner Vorfahren zu finden, der wird in den meisten Fällen enttäuscht sein. Denn das Internet ersetzt keineswegs den Gang ins Archiv.

Dieses Buch soll die wichtigsten Schritte zur Familiengeschichtsforschung erläutern und Hinweise auf weiterführende Anschriften, Internetadressen oder Literatur geben.

Sascha Ziegler

Warum betreibt man Ahnenforschung?

Wir alle wollen wissen, wer wir sind und woher wir kommen. Ganz gleich, was wir im Leben erreichen, ohne diese Klarheit bleibt eine Leere in uns, ein Gefühl der Wurzellosigkeit.

Alex Haley
(amerik. Schriftsteller, 1921–1992)

Am Anfang sei die Frage nach dem „warum“ erlaubt: Warum wird Ahnenforschung überhaupt betrieben?
Der Mensch war schon immer Jäger und Sammler. Das Aufspüren von jahrhundertealten Daten von Vorfahren ist im Prinzip nichts anderes als das Sammeln von Namen und Daten. Es erfordert oftmals einen detektivischen Spürsinn und kann den Forscher ein Leben lang fesseln. Aber es ist sicherlich nicht nur das Sammeln, was die Forscher so fesselt.

Als ich im Alter von 13 Jahren aktiv mit der Erforschung meiner Familiengeschichte begann, ging es mir auch nur erst einmal um das pure Sammeln. Erst als ich dann etwas älter geworden bin, habe ich erkannt, dass auch hinter jedem Namen ein einzelnes Schicksal steckt und man begann mich zu fragen, wie die Vorfahren vor Jahrhunderten gelebt haben. Intensivere Forschungen haben dann schnell ergeben, dass sich unter den Vorfahren fast jede soziale Schicht befindet. Vom armen Tagelöhner bis zum reichen Großgrundbesitzer, vom einfachen Schäfer bis zum studierten Geistlichen, vom einfachen Einwohner bis zum Landadel, vom ehrbaren Ortsbürger bis zum Kriminellen – bei der Ahnenforschung stößt man wirklich auf fast alles. Man sollte eben bei der Ahnenforschung nicht unbedingt nur auf das Sammeln von Daten Wert legen oder versuchen, möglichst schnell eine Abstammung von Karl dem Großen zu finden, sondern das Daten-Skelett mit Fleisch füllen. Denn die Schicksale, Lebensumstände und Charaktere von den eigenen Vorfahren können sehr spannend sein und gleichzeitig auch sehr bewegend, teilweise sogar schockierend. Letzteres ist mir passiert, als ich das Schicksal eines Vorfahren erforscht habe, der Pfarrer war und im Dreißigjährigen Krieg auf grausamste Art ermordet wurde, weil er kein Lösegeld an durchziehende Soldaten zahlen wollte. Eine andere Vorfahrin war als angebliche Hexe hingerichtet worden. Es gibt aber durchaus auch Dinge zum Schmunzeln, die man bei der Ahnenforschung findet. Es lohnt sich also immer, sich auf die Reise in die eigene Familienvergangenheit zu begeben.

Eine kurze Geschichte der Ahnenforschung

Das Bewusstsein der Verbundenheit
mit früheren Generationen kann
wie eine Rettungsleine durch
die schwierige Gegenwart sein.

Jon Dos Passos
(amerik. Schriftsteller, 1896–1970)

Der wissenschaftliche Fachbegriff für die Ahnenforschung heißt eigentlich „Genealogie". Das Wort stammt aus dem Griechischen und bedeutet soviel wie „die Lehre der Geschlechter". Die Genealogie ist eine historische Hilfswissenschaft. Schon im Mittelalter musste der Adel Genealogie betreiben um z. B. Besitzansprüche geltend zu machen. Erst zum Beginn der Neuzeit haben sich auch wohlhabende Bürger mit der Ahnenforschung beschäftigt. Bereits 1847 wird in Görlitz der C. A. Starke Verlag gegründet, welcher heute in Limburg an der Lahn ansässig ist.

In der zweiten Hälfte des 19. Jahrhunderts wurden erste genealogische und heraldische Vereine gegründet: 1869 der „Herold" in Berlin und 1870 der „Adler" in Wien. Auf Veranlassung des „Herold" erscheint 1889 erstmals das „Genealogische Handbuch bürgerlicher Familien", welches seit 1911 „Deutsches Geschlechterbuch" heißt und noch heute im C. A. Starke Verlag fortgeführt wird. 1902 folgte der Roland „Verein zur Förderung der Stamm-, Wappen- und Siegelkunde" in Dresden als erster bürgerlicher Verein der Welt. Er war überregional tätig und hatte regionale Ortsgruppen. Diese machten sich jedoch später teilweise selbständig. 1904 folgte in Leipzig die Gründung der „Zentralstelle für Deutsche

Personen- und Familiengeschichte". 1910 wurde ebenfalls in Leipzig der genealogische Fachverlag Degener & Co. gegründet, der noch heute mit Sitz im bayerischen Insingen aktiv ist. Es folgten weitere Gründungen von genealogischen Vereinigungen. Viele veröffentlichten eigene Zeitschriften. 1919 erschien erstmalig das „Taschenbuch für Familiengeschichtsforschung", welches noch heute in der 13. Auflage als Standardwerk geschätzt wird. 1924 wurde die „Arbeitsgemeinschaft deutscher familien- und wappenkundlicher Vereine" gegründet. Ihr traten die meisten genealogischen Vereine bei. Nachfolger dieser Institution ist die 1949 gegründete „Deutsche Arbeitsgemeinschaft genealogischer Verbände e.V.", kurz DAGV. Sie versteht sich als Dachverband der genealogischen Vereine. Ebenfalls 1924 wurde von Willy Hornschuch die Zeitschrift „Kultur und Leben" erschaffen, die 1928 durch den C. A. Starke Verlag übernommen wird und seitdem „Archiv für Sippenforschung und alle verwandten Gebiete" heißt. Nachfolger dieser Zeitschrift ist das noch heute existierende „Archiv für Familiengeschichtsforschung" im Verlag Genealogie-Service.de GmbH.

Während der Jahre des Dritten Reichs wurde die Genealogie für den Rassenwahn der Nazis missbraucht. Schon 1933 wurde eine Durchführungsverordnung zum Gesetz zur Wiederherstellung des Berufsbeamtentums erlassen, welche bestimmte, dass der Nachweis einer arischen Abstammung zu erbringen ist. Dazu mussten einige Urkunden der Familie beschafft werden. Später wurden die Gesetze verschärft und man musste auch bei Eheschließungen nach dem Reichsbürgergesetz Nachweise einer „deutschen oder artverwandten Abstammung" erbringen. Das für diese Belange gegründete Reichssippenamt hat bis 1940 alleine 125 Mitarbeiter beschäftigt, die über 112 000 Abstammungsnachweise ausgestellt haben.

1948 erscheint erstmalig die Zeitschrift „Genealogie und Heraldik“, welche 1952 mit den Göttinger Mitteilungen vereint als „Familie und Volk“ umbenannt wurde und seit 1962 „Genealogie“ heißt. Die Zeitschrift ist seit 1958 Organ der DAGV und erscheint noch heute im Verlag Degener & Co. Nach dem Krieg wurden verschiedene Vereine aus der Vorkriegszeit neu belebt und auch neue Vereine gegründet. Trotzdem galt die Genealogie lange Zeit als Erscheinung des Dritten Reiches und war nicht überall angesehen. Heute verbindet kaum noch jemand das Hobby Ahnenforschung mit dem Dritten Reich. Junge „Neu-Forscher“ gehen unbelastet an das Thema heran und nutzen dabei die neuesten Medien und Technologien.

Die ersten Schritte

Verliere keine Zeit und Geld mit Ahnenforschung! Du brauchst nur in die Politik einzusteigen und deine Gegner werden es für dich kostenlos herausfinden.

Mark Twain
(amerik. Schriftsteller, 1835–1910)

Widmen wir uns nun dem praktischen Teil des Buches, der Erforschung der eigenen Familiengeschichte. Zu Beginn einer jeden Forschung steht die ausführliche Befragung der Verwandten. Schreiben Sie alles auf oder nehmen Sie erzählte Geschichten und Anekdoten auf einem Diktiergerät auf. Dies kann später ein wertvolles Erinnerungsstück sein. Auch wenn es etwas sarkastisch klingt: Befragen Sie zuerst die älteren Verwandten, so lange diese noch am Leben sind. Die älteren Verwandten haben sehr oft ein umfangreiches Wissen zur Familiengeschichte, welches nach dem Ableben nicht mehr rekonstruiert werden kann.

Auch in Familien, wo vermeintlich keine Erinnerungen vorhanden sind, gibt es sicherlich Anekdoten und Geschichten. Wird in Ihrer Familie auch erzählt, dass die Familie früher einmal adelig gewesen ist und der Adelstitel aus Armut weggefallen ist? Wird behauptet, Ihr Familienname sei hugenottischer Herkunft? Bewahren Sie diese Berichte um Ihre Familiengeschichte, behandeln Sie die Erzählungen aber mit einem kritischen Blick.
Schreiben Sie nicht nur die Namen und Daten von Vorfahren auf, hinterfragen Sie auch die Berufe und Geschichten aus dem Leben der Ahnen. Notieren Sie sich dabei alles sorgfältig. Folgende Fragen sind besonders wichtig:

- Hat in der Familie schon einmal jemand nach der Familiengeschichte geforscht?

- Gibt es Ahnenpässe bzw. Ariernachweise aus dem Dritten Reich?
- Welche entfernten Verwandten gibt es und wie sind die verwandtschaftlichen Verhältnisse?
- Welche Original-Urkunden gibt es noch in der Familie?

Fertigen Sie sich von alten Dokumenten und Urkunden Fotokopien oder Scans an. Reproduzieren Sie alte Familienfotos und lassen Sie auf Familienfeiern die Personen auf den Fotos identifizieren. Verteilen Sie an Ihre Verwandtschaft Familien- und Personenfragebögen und lassen diese ausführlich ausfüllen. Solche Fragebögen bekommt man kostenfrei im Internet. Auch die entfernten Verwandten sollten in Ihre Befragung eingebunden werden. Lassen Sie sich nicht entmutigen, wenn die Verwandten kritisch reagieren. Bereiten Sie das, was Sie bereits wissen, auf (z. B. in Form von ausgedruckten Ahnentafeln, Listen etc.) und lassen Sie Ihre Verwandten an den Forschungsergebnissen teilhaben. Nehmen Sie zu Familienfesten Fragebögen und Formulare mit, auf solchen Festen treffen meistens mehrere Generationen zusammen. Organisieren Sie eigene Familientreffen, um die Verwandten nach den Vorfahren zu fragen.

Seien Sie nicht nur Datenjäger und -sammler, sondern suchen Sie auch nach weiteren Zeugnissen der Vergangenheit wie z. B. alten Briefen, Tagebüchern, Kriegserlebnissen, Familienanzeigen, Testamenten, Geschäftspapieren oder Fotos. In alten Familienbibeln oder Gesangbüchern finden sich oft ebenfalls genealogische Aufzeichnungen.

Fragebögen und Formulare im Internet
http://wiki-de.genealogy.net/
Vorlagen_zur_Erfassung_genealogischer_Daten

Ordnen Sie die Unterlagen

Nachdem Sie nun die Verwandten befragt und die alten Familienunterlagen zusammengetragen haben, sind die ersten Schritte zur Dokumentation der eigenen Familiengeschichte getan. Nun sollten Sie damit beginnen, die Unterlagen zu ordnen und in ein System zu bringen. Trotz moderner Möglichkeiten wie Genealogie-Programme und Internet sollten Sie Ihre Dokumente in Ordnern abheften.
Sie sollten nun von jedem Vorfahren ein Personenstammblatt anfertigen, auf welchem Sie die Lebensläufe niederschreiben. Wenn möglich, legen Sie diese Blätter für jeden Ihrer Vorfahren bis zur Ur- oder Ururgroßelterngeneration an.

Beginnen Sie danach, die gesammelten Daten in ein Genealogie-Programm auf dem PC einzutragen. Siehe dazu die Rubrik Genealogie-Software.

Es gibt unter Ahnenforschern ein bewährtes System, um die Vorfahren zu nummerieren, das „Kekule-System“. Es wurde 1898 von Stephan Kekulé von Stradonitz erfunden. Dabei erhält die Ausgangsperson, der sogenannte Proband, unabhängig von seinem Geschlecht die Ziffer 1. Die weiteren Ziffern werden berechnet, indem der Vater einer Person immer den doppelten Wert erhält und die Mutter diesen Wert plus 1. Der Vater der Ausgangsperson hat demnach die Ziffer 2 und die Mutter die Ziffer 3. Die Eltern der Mutter haben somit die Ziffern 6 und 7. Die Eltern Großmutter mit der Ziffer 7 haben dann die 14 und 15 usw. Moderne Genealogie-Programme berechnen die Kekule-Ziffern automatisch.

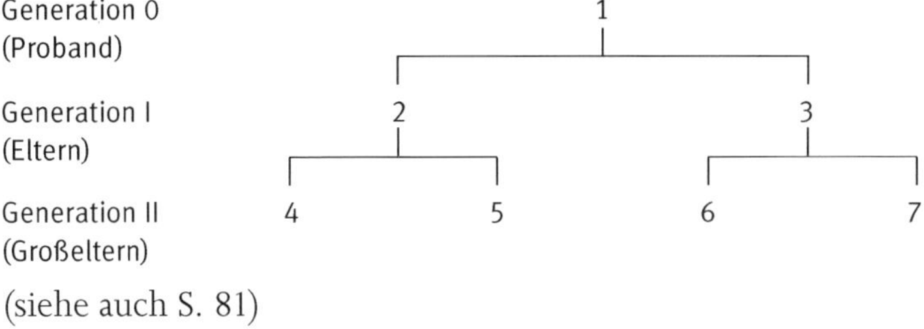

(siehe auch S. 81)

Kekule-System
http://wiki-de.genealogy.net/Kekule-Nummer
http://www.kalendersysteme.de/deutsch/genealogie/kekule.html
http://www.ahnenforschung-benz.de/kekule.htm

Der Schritt zu den Behörden

Sind nun alle Verwandten befragt, Karteien oder Ordner angelegt, Dokumente und Fotos kopiert, müssen Sie sich an die offiziellen Stellen wenden, um weitere Daten herauszufinden.

Standesamt

Das Standesamt ist die erste Anlaufstelle für Ihre Nachforschungen. Die Standesämter führen seit 1876 die Personenstandsbücher. Dort müssen die Geburten, Trauungen und Sterbefälle gemeldet und registriert werden. In einigen Gebieten Deutschlands gab es schon vor 1876 Standesämter, so z. B. ab 1792 in den linksrheinischen Gebieten, die von Napoleon besetzt wurden. Mit dem Beginn der Standesämter beginnen jedoch auch die Probleme für den Familiengeschichtsforscher. So schreibt das Personenstandsgesetz vor, dass nur Personen mit berechtigtem Interesse Auszüge aus den Standesamtsunterlagen bekommen dürfen. Die Erforschung der eigenen Vorfahren zählt jedoch zu einem berechtigten Interesse. Wenn beim

Hans Forscher
Genealogenstraße 1
12345 Ahnenhausen

Standesamt Musterdorf
Musterstraße 1
12345 Musterstadt

Ahnenhausen, den 01.11.2008

Anforderung von Standesamtsurkunden

Sehr geehrte Damen und Herren,

seit einiger Zeit betreibe ich Ahnenforschung. Mein Großvater väterlicherseits Heinrich Forscher stammt aus Musterstadt und ist dort am 05.06.1877 geboren. Des weiteren geht aus meinen Familienunterlagen hervor, dass sein Vater, der Heinrich Jacob Forscher und dessen Ehefrau Anna Katharina Schmidt ist. Von den beiden letztgenannten Personen liegen mir leider keine Daten vor. Ich möchte Sie nun bitten, mir von dem Geburtseintrag meines Großvaters eine Kopie zukommen zu lassen. Sollten sich in Ihren Unterlagen auch die Geburts- und Sterbeeinträge meiner Urgroßeltern finden lassen, so senden Sie mir bitte von diesen ebenfalls eine Kopie zu. Aus Datenschutzgründen weise ich mich mit meiner Personal-Ausweisnummer 7774445329188345HGB, ausgestellt in der Stadt Ahnenhausen aus. Die fälligen Gebühren werde ich umgehend nach Erhalt der Urkunden überweisen. Für Ihre Mühe möchte ich mich recht herzlich im Voraus bei Ihnen bedanken.

Mit freundlichen Grüßen

Standesamt Kopien angefordert werden, muss man nachweisen, dass man ein direkter Nachkomme der entsprechenden Person ist.

Da die Aufzeichnungen sehr genau geführt wurden, findet man dort schnell weitere Hinweise zu seinen Vorfahren. In den Geburtsurkunden findet man Angaben zum Geburtsdatum und den Eltern. In den Heiratsurkunden findet man Angaben zu Braut und Bräutigam, deren Geburtsdatum oder Alter und Herkunft sowie die Namen der Eltern und in Sterbeurkunden den Sterbetag, das Alter des Verstorbenen, dessen Geburtsdatum und in einigen Fällen auch dessen Eltern.

Kirchenbücher

Haben Sie nun alle Urkunden bis 1876 beisammen und ausgewertet, ist ein wichtiger Schritt getan. Es folgt nun der Gang zu den Kirchen. In Deutschland gibt es Kirchenbücher seit etwa 1530. Die Bücher wurden vom Pfarrer der Gemeinde geführt. Durch die Kriegswirren sind viele Bücher verloren gegangen, so dass die meisten erhaltenen Kirchenbücher ab dem Ende des Dreißigjährigen Krieges (1648) vorhanden sind. Durch Brände in Pfarrhäusern oder Kirchen sind auch spätere Verzeichnisse gänzlich zerstört worden.

Bei den Kirchenbüchern wird unterschieden zwischen:

Taufbuch oder Taufregister
Hier werden Daten zur Taufe und/oder Geburt eingetragen sowie die Taufpaten.

Heiratsbuch
Hier ist das Datum der Eheschließung beider Ehepartner eingetragen, die Herkunft und oftmals die Eltern der Ehepartner sowie die Trauzeugen.

Sterbe- oder Begräbnisbuch
Hier wird das Sterbe- und/oder Begräbnisdatum des Verstorbenen eingetragen sowie meistens dessen Alter und Herkunft.

BUCHTIPP Eckart Henning, Christel Wegeleben: Kirchenbücher. Bibliographie gedruckter Tauf-, Trau- und Totenregister sowie der Bestandsverzeichnisse im deutschen Sprachgebiet. (= Genealogische Informationen; Bd. 23). Degener, Neustadt an der Aisch 1991, ISBN 3-7686-2048-4

Kirchenbücher im Internet und auf CD-ROM
Einige Kirchenbücher sind mittlerweile auch schon im weltweiten Netz oder auf CD-ROM verfügbar. Dies ist aber die Minderheit. Die Initiative Kirchenbuch Virtuell e.V. veröffentlicht unter *www.kirchenbuch-virtuell.de* zur Zeit über 800 bayerische Kirchenbücher im Internet. Um die Scans anzusehen, muss man allerdings Mitglied im Verein sein. Die Mitgliedschaft kostet € 25,– pro Jahr. Für das Betrachten von Kirchenbuchseiten müssen dann weitere € 5,– pro Monat je freigeschalteter Kirchengemeinde entrichtet werden.

Weitere Original-Kirchenbücher sind in der „Edition Brühl“ und der „Edition Detmold“ veröffentlicht. Die Reihen werden von der Bonner Firma Patrimonium Transcriptum GmbH auf CD-ROM publiziert. Während die Edition Brühl das geographische Gebiet der heutigen Regierungsbezirke Köln und Düsseldorf abdeckt, widmet sich die Edition Detmold dem Gebiet Westfalen-Lippe. Die CDs kann man unter *www.patrimonium-transcriptum.org* oder direkt im Ahnenforschung.Net-Shop unter *http://shop.ahnenforschung.net* beziehen.

Ferner plant die evangelische Kirche ihren Bestand an Kirchenbücher in einem Kirchenbuch-Portal im Internet zu veröffentlichen. Unter der Adresse *www.kirchenbuchportal.de* sind bereits erste Informationen zu dem Projekt veröffentlicht. Dieser Dienst wird kostenpflichtig sein. So werden zunächst die Bestände der elektronisch erfassten Kirchenbücher ins Netz gestellt und später werden die digitalisierten Kirchenbücher zur Online-Durchsuchung veröffentlicht. Dabei wird es nicht die Möglichkeit geben, die Bücher herunterzuladen (Download).

Einwohnermeldeämter

Finden Sie heraus, wo die Vorfahren und die Verwandtschaft gewohnt haben. Nützlich dazu sind zum Beispiel die Einwohnermeldeämter. In diesen Unterlagen ist auch meistens verzeichnet, mit welchen Verwandten Ihre Vorfahren zusammen gelebt haben, wann und wo sie geboren sind und wann sie wo anders hin umgezogen sind.

Ältere Unterlagen werden meistens in den entsprechenden Stadt- oder Kreisarchiven aufbewahrt.

Weitere Möglichkeiten zur Forschung

Adressbücher

Adressbücher sind eine wichtige Quelle, um herauszufinden wo die Vorfahren gelebt haben. Es gibt Bemühungen von einigen Organisationen, historische Adressbücher für die Allgemeinheit verfügbar zu machen.

TIPP Die Firma Ancestry hat eine sehr umfangreiche Adressbuchdatenbank im Internet veröffentlicht, welche insgesamt etwa 32 Millionen Namen enthält. Die Datenbank ist unter *http://www.ancestry.de/search/rectype/directories/germancollection/default.aspx* erreichbar.

Der Verein für Computergenealogie e.V. hat eine eigene Datenbank für historische Adressbücher unter *http://adressbuecher.genealogy.net/* veröffentlicht. Freiwillige Personen erfassen hier die Inhalte historischer Adressbücher und führen sie in der Datenbank zusammen.

Leichenpredigten

Leichenpredigten sind ein wichtiges Hilfsmittel für genealogische Forschungen. Adlige und wohlhabende Bürger konnten sich den Luxus erlauben, um die teuren Exemplare zu finanzieren. Oftmals waren Leichenpredigten auch mit dem Portrait des Verstorbenen ausgestattet. Die gedruckten Schriften enthielten die christliche Leichenpredigt, den Leichentext und – was besonders für die Familienforscher interessant ist – den Lebenslauf der verstorbenen Person sowie Angaben zu Eltern, Großeltern und weiteren Vorfahren. Aufgrund von solchen Angaben in Leichenpredigten konnte schon so mancher Forscher seine „toten Punkte" der Forschung überwinden und einige Generationen weiter zurück kommen.

Die Deutsche Zentralstelle für Genealogie in Leipzig archiviert seit 1967 den Gesamtkatalog der Personalschriften- und Leichenpredigtsammlungen. In 225 Spezialkarteikästen sind rund 15 000 Personen alphabetisch erfasst. Es wurden mehr als 100 000 Personalschriften aus 450 Sammlungen aufbereitet.
http://de.wikipedia.org/wiki/Gesamtkatalog_der_Personalschriften-_und_Leichenpredigtensammlungen

Weiterhin gibt es den Gesamtkatalog deutschsprachiger Leichenpredigten, welcher etwa 200 000 Datensätze erfasst. Es wurden Personalschriften ausgewertet, die in Bibliotheken und Archiven zu finden sind. Es können teilweise Kopien angefordert werden. Der Katalog wird von der Forschungsstelle für Personalschriften an der Philipps-Universität in Marburg erstellt und ist online durchsuchbar.
http://web.uni-marburg.de/fpmr//html/db/gesainfo.html

Weitere Informationen zu Leichenpredigten:
http://wiki-de.genealogy.net/Leichenpredigt
http://www.gibs.info/index.php?id=172
http://www.adwmainz.de/index.php?id=71

Totenzettel

Während die Leichenpredigten hauptsächlich im evangelischen Bereich üblich waren, gab es bei den Katholiken häufig zum Anlass des Begräbnisses die sogenannten Totenzettel. Der Verein für Computergenealogie betreibt eine eigene Datenbank für Totenzettel, die hier abgefragt werden kann:
http://familienanzeigen.genealogy.net/totenzettel.php?PID=551

Weitere allgemeine Informationen unter
http://wiki-de.genealogy.net/index.php/Totenzettel
http://de.wikipedia.org/wiki/Totenzettel

Genealogische Vereine

In Deutschland gibt es etwa 60 genealogische Vereine, die meisten davon sind im Dachverband „Deutsche Arbeitsgemeinschaft Genealogischer Verbände e.V." (kurz DAGV) organisiert. Eine Auswahl an Anschriften der genealogischen Vereine finden Sie im Anhang zu diesem Buch.

Suchanzeigen aufgeben

Wenn Sie nicht mehr weiterkommen und nur „Kommissar Zufall" helfen kann, ist es sinnvoll, eine genealogische Suchanzeige aufzugeben. Kostenlose Suchanzeigen können Sie im Internet aufgeben, z. B. in Foren und Mailinglisten. Das Kapitel Internet in diesem Buch behandelt diese Möglichkeiten ausführlich.

Eine weitere Möglichkeit sind Suchanzeigen in den „Familienkundlichen Nachrichten" (kurz FANA), ein Anzeigenblatt aus dem Verlag Degener & Co. Die FANA liegt vielen Zeitschriften genealogischer Vereine kostenfrei bei. Anzeigen in der FANA sind kostenpflichtig.

Wenn es nicht mehr weiter geht? Hilfe vom Profi

Wenn Sie selbst keine Zeit zur Erforschung der Familiengeschichte haben oder Sie einfach nicht mehr weiterkommen, können Sie auch einen Profi einschalten. Diese Berufsgenealogen erledigen gegen Bezahlung die aufwändigen Recherchearbeiten für Sie. Einige Berufsgenealogen haben sich im Verband deutschsprachiger Berufsgenealogen zusammen geschlossen. Der Verband hat sich selbst einen hohen Standard als Grundlage gesetzt und garantiert, dass seine Mitglieder seriös und wissenschaftlich arbeiten. Sie können aber auch einen genealogischen Verein in Ihrer Nähe befragen. Sicherlich kann dort auch der ein oder andere Berufsgenealoge empfohlen werden. Bei Beauftragung eines Berufsgenealogen sollte man darauf achten, dass man diesem ein Budget vorgibt, mit dem er arbeitet. Setzen Sie ihm ein Limit von einigen Stunden oder einen Festbetrag. Sollte das Limit überschritten werden, soll der Genealoge mit Ihnen Kontakt aufnehmen. So ersparen Sie sich unnötige Überraschungen.

Kontakt: Verband deutschsprachiger Berufsgenealogen
Reisweg 10, 38116 Braunschweig
Tel.: 0531 2512588
info@berufsgenealogie.net
http://www.berufsgenealogie.net

Hilfswissenschaften

Je weiter sich der Familienforscher bei der Suche nach Vorfahren in die Vergangenheit vorarbeitet, umso mehr ist er auf zunehmende Fähigkeiten und Kenntnisse angewiesen, die mit dem eigentlichen Hobby auf den ersten Blick nicht viel zu tun haben. Und doch entscheidet sich an dieser Stelle, mit welcher Gewissenhaftigkeit und welchem Einsatz dieses Hobby betrieben wird. Findet der Familienforscher beispielsweise einen Kirchenbucheintrag aus dem 17. Jahrhundert, so muss er sowohl die dort verwendete Schrift lesen können als auch die zeitgenössische Datierung verstehen. Ohne Kenntnisse über frühere Schriften und Datierungen ist ein Verstehen des Kirchenbucheintrags ausgeschlossen.

An diesem simplen Beispiel wird ersichtlich, dass sich der Familienforscher Wissen aus mehreren Bereichen wissenschaftlicher Forschung aneignen sollte. Im genannten Beispiel können ihm die Erkenntnisse der Paläographie (Schriftkunde) und der Chronologie (Wissenschaft von der Zeitrechnung) helfen, den Kirchenbucheintrag zu lesen.

Daneben können die klassischen Hilfswissenschaften Numismatik (Münzkunde), die Sphragistik (Siegelkunde), die Diplomatik (Urkundenlehre), die Heraldik (Wappenkunde) und die historische Geographie von Interesse sein. Auch die Medizin kann eine Rolle spielen, wenn es etwa um Epidemien oder die Kunst der Ärzte zu Lebzeiten unserer Vorfahren geht.

Im Folgenden werden die für Familienforscher wichtigsten Hilfswissenschaften vorgestellt.

Schriftenkunde (Paläographie)

Manchmal reicht es nicht aus, einen lang gesuchten Kirchenbucheintrag oder eine bestimmte Urkunde zu finden. Nicht selten sitzt der Familienforscher vor einem Schriftstück und verzweifelt daran, dass er es nicht entziffern kann. Auf dem Papier vor ihm schlängeln sich unleserliche Schriftzeichen, die alles Mögliche bedeuten können. Viele Fehler innerhalb von Forschungsergebnissen gehen auf das falsche Lesen von Schriftstücken zurück.

Die vielen Bitten um Lesehilfe in einschlägigen Foren zeigen deutlich, wie oft Familienforscher an diese Grenze geraten. Die Forscher fotografieren die für sie nicht lesbaren Zeilen und stellen diese online, um sie von erfahrenen Forschern lesen zu lassen. Langfristig ist das wenig befriedigend. Folglich ist die Schriftenkunde eine Hilfswissenschaft, die sich jeder Forscher aneignen sollte, wenn er bei seinen Forschungen nicht dauerhaft auf Hilfe anderer angewiesen sein will.

Auszug aus einem Testament von 1937:
Mein letzter Wille.
Ich die unterzeichnende Witwe Engel Kock
gebore(ne) Winterboer zu Völlen verfüge letzt-
willig, dass mein gesamter Nachlass an
meinen Sohn Diedrich Kock und dessen Ehefrau
Agnes geborene Leichte nach meinem Tode
fallen sol(l), mit folgender Einschränkung:

Schriften lassen sich in zwei wesentliche große Gruppen einteilen: rasch geschriebene kursive Schriften und langsamer und bewusst gestaltete, kalligraphisch durchgeformte Schriften. Je nachdem, wie viel Zeit und Mühe der Schreiber sich nehmen konnte und je nach eigener Veranlagung nutzte er die eine oder die andere Variante. Relativ leicht zu lernen sind die kalligrafischen Schönschriften, weil sie sich für gewöhnlich an wiederkehrende Muster halten. Wesentlich schwerer hat es der Leser, wenn es sich um eine schnell „hingeschmierte“ kursive Handschrift handelt. Um dies nachvollziehen zu können muss man kein Familienforscher sein – man denke nur an die sprichwörtlich unleserlichen Schriften vom Hausarzt auf Rezeptblöcken.

Hinzu kommt, dass es trotz allgemeiner Schulbildung im 18. Jahrhundert früher keine einheitliche deutsche Schreibschrift gab. Um 1900 begannen Pädagogen und Schriftkünstler nach besseren Lösungen zu suchen und die Schriftformen des Ludwig Sütterlin setzten sich schließlich durch und wurden von 1914 bis 1941 an die Schüler weitergegeben. Folglich muss sich ein Familienforscher nicht nur mit der lateinischen, sondern auch mit der deutschen Schrift auseinandersetzen. Im Internet gibt es sehr gute Hilfestellungen zum Erlernen der deutschen Schrift. Das Erlernen dieser Schrift sollte Ihr erstes Ziel sein.

Erschwert wird das Entziffern von Schriften zusätzlich dadurch, dass man sich nicht an dem heutigen Sprachgebrauch orientieren kann. Normalerweise kann man Worte gut lesen, wenn man zwei, drei Buchstaben entziffern konnte. Dies ist aber nicht der Fall, wenn es sich um unbekannte Worte handelt, und in den alten Schriftstücken werden wir nicht nur mit fremden und ungewohnten Worten, sondern teilweise auch mit fremden Sprachen konfrontiert. So sind Einträge in katholischen Kirchenbüchern oft in Latein verfasst, in Grenzgebieten kamen Einflüsse des Nachbarlandes hinzu oder regionaler Zungenschlag wurde wie gesprochen niedergeschrieben wie in Beispiel 2, das aus einem Kirchenbuch in Ostfriesland stammt. Der holländische Einfluss ist unverkennbar.

Den 19. Mart von't jaar 1744
Geboren en Den 19.Nov:
Gedoopt Antje Jans van
Holthuisen soon Christiaan,
In onegte gewonnen, so
Als de molder bekennt by
eenen Christiaan Christiaans.
Heeft de Molder
Self haar kind te
Dove gehouden, en is,
eer't gedoopt wierde,
over haar grouwel daad
gestraft en tot een
beter leven ver=
maand geworden.

Übersetzung: Den 19. März des Jahres 1744 geboren und den 19. November getauft: Antje Jans von Holthusen Sohn Christiaan. Unehelich empfangen, wie die Mutter selbst bekennt von einem Christiaan Christiaans. Hat die Mutter selbst ihr Kind zur Taufe

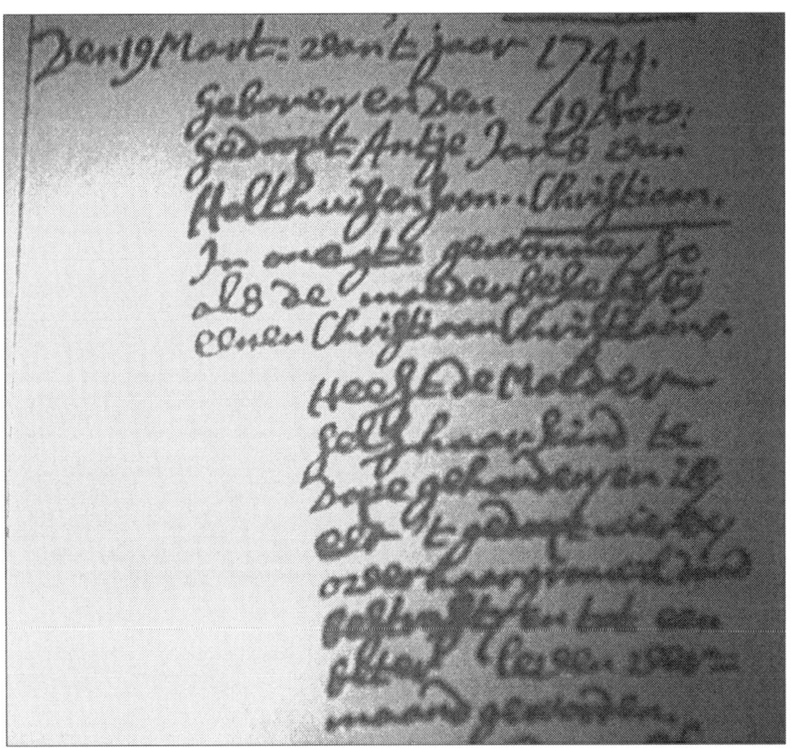
Den 19 Maart: van 't jaar 1741.
Geboren en den 19 Maart:
gedoopt Antje Jacobs van
Holthuijsen zoon.. Christiaan,

getragen und ist, ehe es getauft wurde, wegen ihrer grausamen Tat bestraft und für ein besseres Leben ermahnt worden.

Gerade als Anfänger sollte man sich nie darauf verlassen, dass man alte Schriften fehlerfrei entziffern kann. Versuchen Sie von jedem Eintrag eine Kopie oder ein Foto mit nach Hause zu nehmen. Vergleichen Sie immer den Eintrag mit den Seiten davor und danach, um sich in die Schrift hineinzulesen. Für den Notfall sollten Sie immer Papier und Bleistift dabei haben, um einen Eintrag oder auch nur einzelne Worte abzumalen. Die Betonung liegt bei „malen“ – denn lesen bedeutet Interpretation der Buchstaben, und das sollten Sie in diesem Fall bewusst zu Hause bei mehr Ruhe oder gemeinsam mit erfahrenen Forscherkollegen tun.

Linktipps:
Ein kleiner Online-Lehrgang:
http://www.uni-saarland.de/~m.hahn/slp2000.htm
http://www.fraktur.de/
http://www.suetterlinschrift.de/

Weiterführende Literatur:
„Alte Kirchenbücher richtig lesen: Hand- und Übungsbuch für Familiengeschichtsforscher", von Roger P. Minert, Herausgeber: Eike Pies, Brockhaus, Wuppertal; Oktober 2004
ISBN-10: 3930132257

„Deutsche Schreibschrift. Lesen und Schreiben lernen." Von Harald Süß, Droemer Knaur (Oktober 2002)
ISBN-10: 3426667533

Zeitrechnung

Jede Familienforschung ist eine Sammlung von Namen und Daten, eine Reise durch die Zeit. Zeit aber ist nicht gleich Zeit. Es gibt und gab unterschiedliche Kalenderberechnungen. Eigentlich dienen Kalender lediglich dem Berechnen von Zeiträumen, doch ganz unwissend sollte man trotzdem nicht sein.
Ab dem Jahr 45 vor Christus wurde in weiten Teilen der Welt der Julianische Kalender verwendet. Nach diesem Kalender war der 25. März der erste Tag im Jahr und jedes Jahr dauerte 365 Tage und sechs Stunden. 1582 allerdings errechnete Papst Gregor XIII., dass die Tage dieses Kalenders ein bisschen zu lang waren, so dass dieser nicht mit dem Kalender der Natur überein stimmte. Er führte daraufhin seinen eigenen Kalender ein, der auch heute noch verwendet wird. Er setzte den Jahresbeginn auf den 1. Januar und

setzte das Datum zehn Tage vor, um die „Zeit wieder einzuholen", die die Welt durch die falschen Berechnungen des Julianischen Kalenders verloren hatte.
Nicht alle Länder akzeptierten den Gregorianischen Kalender zur gleichen Zeit. Bis 1751 betrachtete die englische Regierung den 25. März als den ersten Tag des Jahres, während die Mehrheit der Bevölkerung bereits den 1. Januar als Beginn des neuen Jahres feierte. So wurden Datumsangaben zwischen dem 1. Januar und dem 25. März in zwei Ausführungen niedergeschrieben:

Julianisch	Gregorianisch	Doppelte Schreibweise
25.12.1718	25.12.1718	25.12.1718
01.01.1718	01.01.1719	01.01.1718/19
02.02.1718	02.02.1719	02.02.1718/19
25.03.1719	25.03.1719	25.03.1719

Als England den Gregorianischen Kalender schließlich offiziell übernahm, betrug die Zeitdifferenz bereits 11 Tage. So folgte dem 2. September 1751 der 14. September, um den Unterschied aufzuholen.

Ein Programm zum Umrechnen verschiedener Kalenderdaten:
http://www.gentools6.de/

Kalender-Rechner online:
http://www.ortelius.de/kalender/form_de2.php

Weitere Informationen:
http://www.vl-ghw.uni-muenchen.de/chronologie.html

Historische Geografie

Wenn ein Familienforscher einen Familienzweig an seinem Heimatort erforscht, so hat dieser Ort im Laufe der Jahrzehnte oder Jahrhunderte möglicherweise viele Veränderungen erfahren. Damit beschäftigt sich die historische Geografie. Sie teilt sich in drei Bereiche:

1. Die Landschaftskunde beschäftigt sich mit der Entstehung und Wandlung der Kulturlandschaft durch den Menschen.
2. Die historische Siedlungskunde behandelt die Geschichte der Verteilung der menschlichen Bevölkerung.
3. Die historisch-politische Geographie befasst sich mit Aufteilungen nach politischen Gesichtspunkten im Lauf der Geschichte.

Der Familienforscher braucht diese Hilfswissenschaft, um die Gegebenheiten eines Ortes zu einem bestimmten geschichtlichen Moment zu erfassen. Auch wenn der Ort selbst sich niemals von der Stelle bewegt, so macht er doch innerhalb der Geschichte eine Entwicklung durch und auch die politische Zugehörigkeit kann sich ändern. Zu welchem Landkreis, Amt oder Staat ein Ort zu einer bestimmten Zeit gehörte, gibt entscheidende Hinweise für weitere Forschungen, da sich daran beispielsweise die Antwort auf die Frage knüpft, wo eventuell weitere Unterlagen zu einer Familie archiviert werden. Mancher Forscher möchte sich mit diesem Gebiet gar nicht auseinander setzen – wird aber spätestens dann dazu gezwungen, wenn in alten Unterlagen ein Ortsname genannt wird, den es in dieser Form nicht mehr gibt.

Ein wichtigstes Hilfsmittel sind kartographische Darstellung aus verschiedenen Zeiten, vor allem aber Online-Datenbanken mit den entsprechenden Informationen – oftmals gibt es sie allerdings nur für einzelne Regionen.

Weitere Informationen:
http://wiki-de.genealogy.net/Ortssuche_FAQ

Eine kleine Einführung in die Namenkunde (Onomastik)

Die Entstehung der Familiennamen im deutschsprachigen Raum

Von der römischen Namengebung (tria nomina) abgesehen, herrschte früher bei vielen Völkern für lange Zeit die Einnamigkeit vor. Bis ins Mittelalter war für unsere germanischen Vorfahren ein einziger Name zur Unterscheidung ausreichend. War eine nähere Kennzeichnung von Personen erwünscht, wurden Namenszusätze verwendet, die sich jedoch je nach Gelegenheit und Situation ändern konnten. Wird ein gleich bleibender Zusatz dagegen wiederholt zur Kennzeichnung einer Person verwendet, so spricht man von einem Beinamen.

Die Entstehung neuer und größerer Ortschaften, steigende Bevölkerungsdichte in den mittelalterlichen Städten, aufkommende Verwaltung durch Staat und Kirche, Abnahme des Rufnamenbestandes, erhöhte Mobilität, der Fernhandel und die damit verbundenen kulturellen Einflüsse romanischer Länder (in denen es bereits feste Familiennamen gab), förderten den Übergang von der Ein- zur Zweinamigkeit im 12. Jahrhundert.

Ein Familienname entstand schließlich, wenn ein Beiname einer Person auf deren Nachkommen übertragen, d.h. vererbt wurde. Die Ausbreitung der Zweinamigkeit erfolgte im Wesentlichen von Süden nach Norden sowie Westen nach Osten, in den Städten wiederum früher als in den Dörfern.

Unterschiede gab es außerdem hinsichtlich sozialer Gruppen. Die Oberschicht insbesondere der Adel war Vorreiter bei der Führung

von Familiennamen, zeigt doch ein vererbbarer Name verwandtschaftliche Beziehungen und Besitzstand an und stellt eine Abgrenzung gegenüber der Unterschicht dar – Dienstboten, Knechte und Mägde treten in den Quellen noch lange nur mit ihren Rufnamen auf.
Noch längere Zeit waren neben dem Familiennamen aber nach wie vor auch die Beinamen in Gebrauch. Dies und der zunächst nicht unübliche Namenswechsel erschweren oftmals eine genaue Differenzierung von Bei- und Familiennamen. Die große Masse deutscher Familiennamen entstand in der Zeit des 14. bis 16. Jahrhunderts. Bis etwa Anfang des 17. Jahrhunderts setzte sich die kontinuierliche Verwendung der Familiennamen in den deutschen Territorien durch.
Umbenennungen waren jedoch nach wie vor möglich. Erst durch obrigkeitliche Maßnahmen wurde der Namenswechsel im 17./18. Jahrhundert unterbunden, zuerst in Sachsen, dann 1677 in Bayern, 1776 in Österreich und 1794 in Preußen. Verordnungen zur Annahme eines Familiennamens folgten ebenfalls im 18./19. Jahrhundert. So erhält beispielsweise die jüdische Bevölkerung ab Ende des 18. Jahrhunderts Familiennamen bzw. musste sich der landesüblichen Namensführung anpassen. In Friesland wurden die Familiennamen 1811 durch einen Erlass Napoleons eingeführt. Die Schreibweise der Familiennamen wurde erst mit Einführung der Standesämter verbindlich festgelegt. Mit dem Inkrafttreten des Bürgerlichen Gesetzbuches am 1. Januar 1900, ist eine Änderung der Namensschreibung in Deutschland nur noch unter bestimmten Umständen auf dem Rechtswege möglich.

Wie lassen sich Familiennamen einteilen?

Im Wesentlichen gibt es fünf Kategorien, in die sich unsere Familiennamen einteilen lassen: In Patronyme/Metronyme, Herkunftsnamen, Wohnstättennamen, Berufsnamen und Übernamen.

Familiennamen aus Rufnamen

Hierbei wurde der Rufname des Vaters oder – seltener – der Mutter (auch Gattin oder Schutzpatronin) von der nächsten Generation als Familienname übernommen. Man spricht dann von einem Patronym bzw. Metronym. Dabei muss aber nicht zwangsläufig der Rufname des Vaters bzw. der Mutter zum Familiennamen geworden sein – es gibt auch Fälle, bei denen der Name auf den Rufnamen eines anderen Verwandten, eines Patron oder Dienstherrn zurückgeführt werden kann. Beispiele: Werner, Herrmann, Walter, Peters.

Herkunftsnamen

Familiennamen dieser Kategorie erhielten zugezogene Menschen an ihrem neuen Wohnort. Ursprünglich dienten noch Umschreibungen, wie beispielsweise „Hubert von Oberhausen", zur besseren Unterscheidung der Menschen. Ab der Zeit, als die von der Herkunft abgeleiteten Beinamen schließlich zu Familiennamen wurden, lässt sich der Trend erkennen, dass Präpositionen wie „aus" und „von" mehr und mehr weggelassen wurden. Bereits im 14./15. Jahrhundert überwiegen schließlich Herkunftsnamen ohne Präpositionen. Herkunftsnamen wurden nicht nur aus Ortsnamen geschöpft sondern auch aus den Namen und Bezeichnungen von Ländern, Völkern, Stämmen und Regionen. Beispiele: Franke, Böhm, Fries, Schwab, Karstadt, Nürnberger.

Wohnstättennamen

Im Gegensatz zu den Herkunftsnamen wurden Wohnstättennamen vom Wohnsitz der Person abgeleitet. Sehr häufig gehen Wohnstättennamen auf die Landschaftsbeschaffenheit (Geländeformen, Bodenbeschaffenheit, Lichtverhältnisse, Geländelage, Bewuchs, Gewässer, Bauten, Bauwerke, Grenzen, Wege) in der Umgebung zurück. Auch Häusernamen und die mancherorts noch heute gebräuchlichen Hof- und Hausnamen lassen sich am ehesten in diese

Kategorie einordnen. Beispiele: Birnbaum, Busch, Kirchhof, Bergmann, Brückner.

Berufsnamen

Hierbei lässt sich weiter unterscheiden, ob der Benannte den Beruf ausübte (direkter Berufsname) oder er nach einer bestimmten Eigenheit seines Berufes bezeichnet wurde (indirekter Berufsname, Berufsübername). Bei den indirekten Berufsnamen konnte beispielsweise das verwendete Werkzeug, (hergestellte, verarbeitete oder gehandelte) Produkt, ein charakteristischer Arbeitsvorgang oder eine berufstypische Kleidung zur Bildung herangezogen werden. Daneben kann man in diese Kategorie auch Bezeichnungen aufnehmen, die vom Stand oder Amt der Person abgeleitet wurden. Beispiele: Bauer, Schäfer, Müller, Schmied, Schuhmacher, Maier, Hufnagel.

Übernamen

Ein weites Feld stellen die so genannten Übernamen dar. Hierher gehören vor allem spezielle, einen Menschen kennzeichnende Eigenschaften, die zur Namensbildung herangezogen wurden. So haben sich unter anderem das körperliche Erscheinungsbild, charakterliche Eigenschaften, Wesensarten, Lebensereignisse oder Gewohnheiten, Besitz- und Reichtum, Abstammung, Verwandtschaft, Kirche und Glaube, Würdenträger, materielle Objekte (Pflanzen, Tiere, Gegenstände, Gestirne etc.) sowie Zeitangaben in derartigen deutschen Familiennamen niedergeschlagen. Beispiele: Weißhaar, Bleibimhaus (für einen Stubenhocker), Knoblauch, Krummbein, Wucherpfennig, Altmann.

Welche Bedeutung hat mein Familienname?

Diese Frage wird sich früher oder später jeder stellen, der sich mit der eigenen Familiengeschichte beschäftigt. Bei der Feststellung der wörtlichen Bedeutung (Namenetymologie) kann die namenkundliche Literatur erste Auskünfte geben. Freilich decken diese Wörterbücher nur einen Teil der vorhandenen Namenvielfalt ab. Oftmals sind Namen mehrdeutig, das bedeutet es können verschiedene Ursprünge für einen Familiennamen in Frage kommen. In solchen Fällen sollte dem Versuch der Namensdeutung eine Ahnen- bzw. Namengeschichtsforschung anhand urkundlicher Belege vorausgehen. Genealogische Datenbanken und Verbreitungskarten von Familiennamen können Indizien zur Bedeutung und Entstehung eines Namens liefern.

Literatur

Horst Naumann: Das große Buch der Familiennamen
Max Gottschald: Deutsche Namenkunde
Hans Bahlow: Deutsches Namenlexikon
Heintze, Cascorbi: Die deutschen Familiennamen
Konrad Kunze: dtv-Atlas Namenkunde
Rosa Kohlheim und Volker Kohlheim: Duden Familiennamen
Josef K. Brechenmacher: Etymologisches Wörterbuch der Deutschen Familiennamen
Jürgen Udolph, Sebastian Fitzek: Professor Udolphs Buch der Namen, Bertelsmann
Kaspar Linnartz: Unsere Familiennamen
Elke Gerr: Das große Vornamenbuch

Die alphabetische Auflistung erhebt keinen Anspruch auf Vollständigkeit. Weitere umfangreiche Literaturverzeichnisse finden Sie unter anderem im dtv-Atlas Namenkunde und im Taschenbuch für Familiengeschichtsforschung. Bei humboldt erschienen ist „Das große Vornamenbuch“ von Elke Gerr (ISBN 978-3-89994-183-8), in dem die Vornamen nach Kulturkreisen geordnet sind zu jedem Vornamen auch über die Herkunft, z. B. als Familienname berichtet wird.

Heraldik – Was führten die Vorfahren „im Schilde"?

Womöglich stoßen Sie bei Ihren Recherchen auf ein altes Familien-Wappen. Die nachfolgenden Ausführungen helfen Ihnen dabei, solch ein Wappen historisch einzuordnen und zurückzuverfolgen. Oder wollen Sie das Ergebnis Ihrer Ahnenforschung mit einem eigenen Wappen „krönen"?

Der Wunsch nach einem eigenen Wappen ist bei vielen groß, doch wie und wo gesucht werden muss, stellt einige vor ein Rätsel. In diesem Fall sollte sich der Interessent vertrauensvoll an den Heraldiker und Ahnenforscher wenden. Denn erst durch eine umfangreiche Beratung ergibt sich für den Kunden die Gewissheit auf dem richtigen Weg in die Vergangenheit seiner Familie zu sein. Auch sollte vor der Erstellung eines Familienwappens zuerst geprüft werden ob nicht schon einer der Vorfahren ein Wappen eintragen ließ.

Dazu ist es allerdings unbedingt nötig, sämtliche Unterlagen über die eigene Familie zusammenzutragen. Diese sollten soweit als möglich in die Geschichte der Familie zurückgehen. Erst wenn diese Unterlagen zusammengestellt sind kann eine Überprüfung nach einem eventuellen früher eingetragenen Wappen erfolgen. Sollte diese Suche erfolglos sein, kann an die Erstellung eines neuen Wappens herangegangen werden.

Hierbei müssen vielfältige Überlegungen bedacht werden, denn dieses Wappen soll auch für zukünftige Generationen einen bleibenden Wert darstellen. In diesem Zusammenhang kann auch die künstlerische Erstellung eines Stammbaumes oder einer Ahnentafel in Erwägung gezogen werden.

Was ist eigentlich ein Wappen?

Die juristische Funktion eines Wappens ist es, ein einmaliges und unverwechselbares Kennzeichen eines Geschlechtes, Landes, Unternehmens usw. zu sein. Als solches unterliegt es dem vom Gesetzgeber in § 12 BGB, § 30 HGB, sowie §§ 5, 6, 31 Warenzeichengesetz v. 9. Mai 1961 (BGB II S. 574) niedergelegten Rechtsgrundsätzen.

Nach den Pariser Verträgen und nach EU Recht genießt ein in Deutschland registriertes Wappen weltweiten Schutz.

Exkurs: Ein eigenes Wappen für Ihre Familie

Das Internet ist voll von Wappen-Firmen, Heraldikern und begeisterten „Hobbyisten", die um Ihre Aufmerksamkeit werben. Eine ungeheuer große Anzahl von Anbietern werben mit wohlklingenden Namen und Argumenten um Ihre Gunst. Wollen Sie ein eigenes Familien-Wappen in Auftrag geben, so sollten Sie sich nicht für den „ersten besten", sondern genau und zielbewusst entscheiden. Kein seriöser Heraldiker wird unaufgefordert an Sie herantreten und seine Dienste auf Messen, Mittelalterfesten, Ausstellungen oder in Kaufhäusern anbieten.

Was also sollte „Ihr" Heraldiker für Voraussetzungen erfüllen?

Kriterien für heraldische Qualität:

- Umfangreiche Beratung
- Gute zeichnerische Umsetzung
- Berücksichtigung Ihrer Wünsche, soweit heraldisch vertretbar
- Individualität der Wappen-Gestaltung
- Vorprüfung des Entwurfs auf Einmaligkeit
- Rechtssicherheit
- Registrierfähigkeit (Prüfung nach wissenschaftlich- heraldischen Gesichtspunkten durch den eintragenden heraldischen Verein oder Gesellschaft)

- Ausstellung des „Wappenbriefs" (nur durch die eintragende „Wappenrolle" des heraldischen Vereins oder Gesellschaft.)
- Veröffentlichung (durch Auslegung in den öffentlichen Archiven)

Diese Fragen sollten Sie noch stellen:

- Mit welchen eingetragenen heraldischen Vereinen oder Gesellschaften (e.V.) arbeitet der Heraldiker zusammen?
- Wird er von diesen heraldischen Vereinen oder Gesellschaften empfohlen?
- Kann er seine Wappen-Eintragungen in den entsprechenden „Wappenrollen" der heraldischen Vereine nachweisen?
- Liegen diese „Wappenrollen" in öffentlichen Archiven aus?
- Verfügt er über die erforderliche heraldische Fachliteratur und über Nachschlagewerke?

Siebmachers Wappenbücher

Diese traditionsreichen Wappenbücher werden auch kurz „Der Siebmacher" genannt. Es gibt mehrere Auflagen der Bücher, die älteste ist aus dem Jahre 1599/1602. Diese Auflage wurde ständig erweitert und unter immer neuen Namen veröffentlicht, bis letztendlich der ursprüngliche Name Siebmacher wieder im Titel auftauchte. Die älteste Ausgabe besteht nur aus einem Band und beinhaltet ca. 5 000 Wappen, die nach dem Rang und der Herkunftsregion des Wappeninhabers sortiert sind. Die erweiterten Auflagen bestanden zunächst aus zwei Bänden, die auf sechs Bände anwuchsen und zum Schluss die sechs Bände sowie 12 Supplemente umfasste. Diese Ausgaben sind auch unter anderem Namen bekannt, z. B. Weigel'sches, Fürst'sches oder Helmer'sches Wappenbuch. Diese Wappenbücher sind für die Forschung weniger interessant, da alle genealogische Daten zu den Wappen fehlen. Es waren etwa 18 000 Wappen in der „Sammlung Neuer Siebmacher". Im Jahre 1854 wurde der Siebmacher wiederum bearbeitet, neu zusammengestellt, erweitert und berichtigt. Zu den Erweiterungen gehören die Informationen zu den einzelnen Wappen. Berichtigung hieß vielfach aber auch, dass Wappen, die man nicht mehr einwandfrei einer bestimmten Familie zuordnen konnte, aus der Sammlung genommen wurden. Diese Auflage bestand aus mehreren Reihen und insgesamt 101 Abteilungen. Als man diese Auflage wiederum erweiterte mit den Abteilungen der Neuen Folgen (NF), kam es zu doppelter Nummerierung, worauf man den Siebmacher in „logischer" Folge neu zusammenstellte – in der heute bekannten Form von ca. 60 Bänden. Einige dieser Bände sind aber keine Wappenbücher sondern wissenschaftliche Bücher. Der „Siebmacher für Adelswappen" ist nach deutschen Regionen aufgebaut und hat eine eigene Reihe für bürgerliche Wappen. Wobei die Aufteilung der Wappen in Adelig und Bürgerlich aber manchmal sehr willkürlich und nicht nachvollziehbar ist.

Viele bürgerliche Wappen sind auch in den Adelsbänden verzeichnet.

Die Wappensammlung „Armorial Général"

„Armorial Générale", kurz Rietstap genannt, enthält ca. 120 000 europäische „Blasons" und Wappen in alphabetischer Reihenfolge. Der Großteil der Wappen sind Adelswappen, die meisten Wappen kommen aus Frankreich und Deutschland. „Blason" bedeutet, dass die Wappen dort nur in heraldischer Kunstsprache beschrieben sind und Abbildungen fehlen. Oft wird auch die für Deutschland wichtige Helmzier nicht erwähnt. Auch gibt es nur grobe Hinweise auf die Heimat der Wappenbesitzer. „Illustrations to the Amorial Général", ein sechsbändiges Werk, auch kurz „Rolland" genannt, enthält alle Wappen-Abbildungen zum Rietstap.

Eine Auswahl heraldischer Vereine

„Der Wappen-Löwe“ Heraldische Gesellschaft e.V.
Haselnußweg 4, 82256 Fürstenfeldbruck
Tel.: 08141 223765
Fax: 08141 223764
praesident@wappen-loewe.de
http://www.wappen-loewe.de

Heraldische Gemeinschaft Westfalen
Gesellschaft für Heraldik und verwandte Wissenschaften e.V.
Bessemerstraße 51, 44793 Bochum
Tel.: 0234 6405249
herold@westfalen-heraldik.de
http://www.westfalen-heraldik.de

Heraldischer Verein „Zum Kleeblatt“ von 1888 zu Hannover e.V.
Auf der Bünte 11, 27283 Verden
http://www.zum-kleeblatt.de/

HEROLD
Verein für Heraldik, Genealogie und verwandte Wissenschaften zu Berlin e.V.
Archivstraße 12-14, 14195 Berlin
Tel.: 030 83901-100
Fax: 030 83901-103
http://www.herold-verein.de

Münchner Wappen Herold e.V.
Pariser Straße 8, 81669 München
Tel.: 089 911024
Fax: 089 911042
info@muenchner-wappen-herold.de
http://www.muenchner-wappen-herold.de

Internetseiten zum Thema Heraldik

Heraldik im Netz
http://www.heraldik-wappen.de/

Heraldik in der Wikipedia
http://de.wikipedia.org/wiki/Heraldik

Auszüge aus dem alten Siebmacher Wappenbuch
http://www.wappenbuch.de/

Wappen Index
http://www.wappenindex.de/

Umfangreiche Linksammlung von Detlef Schmitz
http://www.detlef-schmitz.de/heraldik.htm

Die Herold-Heraldiker stellen sich vor
http://www.herold-heraldiker.de/

Wichtige Archive und Institutionen kurz vorgestellt

Die meisten Menschen wären empört,
würde man ihnen sagen,
ihr Vater sei ein Gauner gewesen.
Sie wären aber eher stolz,
wenn sie erführen,
dass ihr Urgroßvater Seeräuber war.

Christian Friedrich Hebbel
(dt. Dramatiker, 1823–1863)

Deutsche Zentralstelle für Genealogie in Leipzig

Die Deutsche Zentralstelle für Genealogie ist im Sächsischen Staatsarchiv Leipzig untergebracht und eine nachgeordnete Einrichtung dessen. Sie wurde 1967 als Zentralstelle für Genealogie in der DDR gegründet, um das genealogische Schriftgut zu sichern und auszuwerten. In Leipzig gab es bereits seit 1904 eine Zentralstelle für Deutsche Personen- und Familiengeschichte. In der Zentralstelle sind die Kirchenbuchunterlagen archiviert, die seit 1934 unter Leitung der Reichsstelle für Sippenforschung systematisch verfilmt wurden. Es handelt sich dabei um etwa 20 000 deutsche Kirchenbücher, davon 1 400 im Original.
Ebenso lagert in Leipzig die Ahnenstammkartei des deutschen Volkes. Sie geht auf das Jahr 1921 zurück, als Karl Förster erstmals den Ahnenlistenaustausch organisierte. Während des Dritten Reichs wurde die Kartei von Heinrich Himmler persönlich besichtigt, für die Absichten der SS allerdings für nicht bedeutend empfunden, da

die Daten in den Listen größtenteils vor 1750 angesiedelt warten. Seit 1967 wurde die Kartei von Leipzig aus als Ahnenlistenumlauf organisiert. Sie war trotz aller Schwierigkeiten immer ein gesamtdeutsches Projekt. Die Ahnenstammkartei des deutsches Volkes umfasst heute rund 1,1 Millionen Karteikarten mit 1,4 Millionen Personen. Der geographische Schwerpunkt liegt dabei mit etwa 40 % in Mitteldeutschland.

Ebenso befindet sich im Archiv ein Gesamtkatalog der Personalschriften – und Leichenpredigensammlungen der 100 000 Personalschriften und Leichenpredigten auf etwa 150 000 Karteikarten nachweist. In der Zentralstelle für Genealogie gibt es eine Spezialbibliothek zur Genealogie mit etwa 22 000 Bänden. Ferner hat man sich auf die Sammlung von Ortsfamilienbüchern spezialisiert, es existieren dort etwa 600 Stück.

Adresse: Sächsisches Staatsarchiv Leipzig
Deutsche Zentralstelle für Genealogie
Schongauer Straße 1, 04328 Leipzig
Tel.: 0341 2555551
Fax: 0341 2555555

Öffnungszeiten des Benutzersaals:

Montag	8–16 Uhr
Dienstag	8–16 Uhr
Mittwoch	8–18 Uhr
Donnerstag	8–18 Uhr
Freitag	8–13 Uhr

Archivalien-, Bücher- und Filmausgabe:
Montag bis Freitag 8–13 Uhr.

Institut für Personengeschichte in Bensheim

Das Institut für Personengeschichte in Bensheim wird von der Friedrich-Wilhelm-Euler-Stiftung getragen. Es erschließt und vermittelt die Geschichte einzelner Persönlichkeiten und Familien. Das Institut geht auf die 1967 von dem Archivar Friedrich Wilhelm Euler gegründete bedeutende personengeschichtlich orientierte Sammlung zurück. Daraus entstand 1993 die Friedrich-Wilhelm-Euler-Stiftung, die heute Träger des Instituts ist.

Das Institut ist eine Dokumentationsstelle und Bibliothek für Genealogie, Biographie und Prosopographie. Letzteres bedeutet *„nach der Buchstabenfolge geordneten Verzeichnis aller einem bestimmten Lebenskreis angehörenden Personen mit Quellenangaben.“* Es werden dort sehr wichtige genealogische Nachlässe verwaltet, die den gesamten deutschsprachigen Raum betreffen. Das Institut hilft bei der Auswertung und Darstellung historischer Unterlagen, beim Auffinden und Aufbereiten historischer Sachverhalte, beim Erstellen von Familien- und Firmengeschichten und es beantwortet Anfragen genealogisch-biographischer Natur.

Das Institut ist Herausgeber der Zeitschrift Archiv für Familiengeschichtsforschung. Sie erscheint vier mal pro Jahr im Verlag Genealogie-Service.de GmbH. Musterhefte können kostenfrei beim Verlag angefordert werden.

Adresse: Institut für Personengeschichte
Hauptstraße 65, 64625 Bensheim
Tel.: 06251 62211
Fax: 06251 62271
E-Mail: institut@personengeschichte.de
Internet: http://www.personengeschichte.de

Der „Herold“ in Berlin

Der Herold wurde bereits 1869 gegründet und ist ein wissenschaftlich arbeitender gemeinnütziger Verein. Er ist die auf seinem Gebiet älteste Fachgesellschaft in Europa. Der Verein widmet sich den historischen Hilfswissenschaften, vor allem der Genealogie und Heraldik. Der Verein hat über 1 000 Mitglieder. Es finden regelmäßig Versammlungen mit Vorträgen statt, der Verein unterhält eine Spezialbibliothek sowie archivarische Sammlungen, er erteilt Auskünfte und berät Familienforscher, es werden schriftliche Anfragen bearbeitet und diverse Zeitschriften und Monographien herausgegeben. Der Herold führt die Deutsche Wappenrolle, ein Register deutscher Wappen.

An einem jeden Dienstag von 16 bis 19 Uhr steht der genealogische Auskunftsdienst in den Geschäftsräumen des Vereins zur Verfügung. Dort kann die Bibliothek genutzt werden, in der wichtige genealogische und heraldische Werke stehen. Die ehrenamtlichen Mitarbeiter können aber keine langwierigen Forschungen durch führen, sondern lediglich Forschungsmöglichkeiten und -Wege aufzeigen.

Aufgrund der Ehrenamtlichkeit können schriftliche Anfragen auch nur mit ausreichend Rückporto bearbeitet werden, es ist mit längerer Wartezeit zu rechnen.

Adresse: HEROLD
Verein für Heraldik, Genealogie
und verwandte Wissenschaften zu Berlin
Archivstraße 12–14, 14195 Berlin
Tel.: 030 83901-100
Fax: 030 83901-103
http://www.herold-verein.de

Zentralstelle für Personen- und Familiengeschichte in Frankfurt-Höchst

Schon im Jahre 1904 wurde in Leipzig eine Deutsche Zentralstelle für Personen- und Familiengeschichte in Leipzig gegründet. Diese Gesellschaft war eine Institution von Weltruf. Nach der Gründung der DDR gab es eine Zentralstelle in der DDR (siehe Deutsche Zentralstelle für Genealogie) und eine in West-Deutschland. Das Archiv in Höchst wurde 1961 von dem bekannten Genealogen Dr. Heinz F. Friedrichs gegründet. Die im historischen Bolongaropalast, einem barocken Palast in Frankfurt-Höchst, ansässige Stelle wird von einer Stiftung getragen. Ein Förderverein will den weiteren Betrieb der Zentralstelle sicherstellen. Im Archiv finden sich etwa 14 000 Bücher, 900 Zeitschriftentitel, 8 000 Akten, 200 000 Karteikarten, 500 Original-Leichenpredigten und eine große Anzahl an genealogischen Nachlässen.

Die Zentralstelle für Personen- und Familiengeschichte katalogisiert die deutschen Ortsfamilienbücher (früher auch Ortssippenbücher genannt) in der Reihe Deutsche Ortssippenbücher.

Seit 1961 veröffentlicht die Zentralstelle die Buchreihe Genealogisches Jahrbuch. Es sind bereits über 40 Bände erschienen.

Das Archiv steht allen Interessenten für einen persönlichen Besuch zur Verfügung. Ausleihen sind ausgeschlossen. Es werden schriftliche Auskünfte erteilt, ob sich Informationen zu Familien oder Personen im Archiv befinden.

Anschrift: Zentralstelle für Personen- und Familiengeschichte
Bolongaro-Palast
Bolongaro-Straße 109, 65292 Frankfurt-Höchst
http://www.genealogische-zentralstelle.de

Öffnungszeiten:
jeden Donnerstag von 16–19 Uhr

Ahnenforschung im Internet

Wenn wir schon nicht wissen wohin wir gehen,
sollten wir wenigstens zu ergründen versuchen,
woher wir kommen, um zu ahnen, wo wir stehen.

Verfasser unbekannt

So nutze ich das Internet für meine Forschung

Allgemeines zum Internet

Wer das Internet nutzen möchte, um mehr über Ahnenforschung zu lernen, Gleichgesinnte kennen zu lernen und mit entfernten Verwandten zu kommunizieren, sollte sich zunächst einmal gründlich und umfassend mit seinem Computer und mit der Funktionsweise des Internets befassen. Ein Einstieg ohne solides PC-Basiswissen wird schwierig werden.

Literatur gibt es in Hülle und Fülle. Wer nicht so viel Geld ausgeben will, kann sich Fachbücher auch aus öffentlichen Bibliotheken beschaffen. Man sollte aber speziell bei Computer- und Internetliteratur darauf achten, möglichst neue Bücher auszuleihen. Nichts ist so schnell wieder veraltet wie der Internetratgeber, der vor einigen Jahren erschien. PC-Zeitschriften können ebenfalls sehr hilfreich sein.

Wenn PC- und Internet-Grundkenntnisse schon vorhanden sind, kann man sich gleich in den Ahnenforschungsbereich stürzen. Doch halt, besser nichts übereilen! Vor einer aktiven Nutzung von Foren, Mailinglisten und Newsgroups für Ahnenforscher, vor dem Hochladen der ersten eigenen Genealogie-Homepage sollte man sich zunächst in aller Ruhe umsehen. Dabei wird hoffentlich schon vieles klar:

- Wie sind die Umgangsformen, welche (ungeschriebenen) Regeln und Gesetze gelten für den Umgang miteinander?
- Wo gibt es Dokumente (FAQ, Hilfe etc.), die Neulingen häufig gestellte Fragen beantworten?
- Wie oder was schreiben bzw. veröffentlichen andere?
- Wie haben andere Forscher ihre Webseiten gestaltet?

Mitunter kann eine einzige Mail heftige Turbulenzen in einer Mailingliste auslösen und den Neuling für immer verschrecken … Postings in Foren und Newsgroups können u. U. nur mit Mühe oder gar nicht wieder gelöscht werden. In der ersten Begeisterung über die neuen Möglichkeiten wird vielleicht allzu Privates ins Netz gestellt, was man später wieder bereut. Die Devise kann also nur lauten: Nichts überstürzen, erstmal zuschauen und dann aktiv werden.

Ganz allgemein gibt es drei große Bereiche, in denen man im Internet aktiv werden kann:

Information

Das Internet bietet dem Ahnenforscher Informationen in allen wichtigen Bereichen:

- Informationen zur Ahnenforschung (Tipps, Anleitungen)
- Fachwissen aus den Bereichen Geschichte, Wappenkunde, Auswanderung
- Informationen von bzw. über Forschungseinrichtungen (Archive, Bibliotheken)
- Genealogie-Datenbanken
- Genealogie-Software

Kommunikation

Andere Ahnenforscher bzw. eventuell sogar entfernte Verwandte findet man in den entsprechenden Genealogie-Mailinglisten, Foren und Newsgroups. Dort kann man öffentlich Fragen stellen und diskutieren.

Publikation

Es gibt viele verschiedene Arten, im Internet auf seine Forschungsergebnisse aufmerksam zu machen. Die einfachste Möglichkeit ist sicher, die wichtigsten Namen, Orte und Daten in Beiträgen in Mailinglisten oder Foren vorzustellen. Das erfordert keine Spezialkenntnisse. Man sollte sich aber vorher klar machen, dass diese Beiträge vermutlich archiviert werden und über Jahre hinweg von einem angemeldeten Benutzerkreis bzw. ggf. auch von jedem Internetsurfer gelesen werden können. Also erst gründlich über die Archivierung der Beiträge informieren, nachdenken und dann abschicken!

Weiterhin kann man seine Ergebnisse auch in Datenbanken und auf einer eigenen Homepage präsentieren. Dazu später mehr.

Ist man also mit den Grundfunktionen des Internets, mit Browsern und Mailprogrammen, dem Schutz vor Viren und anderen möglichen Gefahren und den in Ahnenforscherkreisen üblichen Sitten und Gebräuchen vertraut, kann es richtig losgehen in Sachen Ahnenforschung. Je nachdem, wie versiert man in der Forschung an sich schon ist, wird man entweder nach Tipps und Hinweisen für Einsteiger suchen oder aber nur nach den Dingen, die speziell das Internet für dieses schöne Hobby bietet. Es ist ja nicht so, dass man ohne PC und Internet nicht nach seinen Vorfahren suchen könnte. Jahrhundertelang ist man ohne diese Hilfsmittel ausgekommen, hat seine Ergebnisse in Form von Tafeln und Listen, auf Karteikarten und Formularen festgehalten. Im Computerzeitalter aber bieten sich neue Möglichkeiten. Wie diese genutzt werden können, erfahren Sie im weiteren Verlauf des Kapitels.

Als Ausgangsbasis für Internetrecherchen bieten sich einige große Genealogieseiten an, die von allem etwas bieten: Informationen, Datenbanken, weiterführende Links, Mailinglisten und Foren. Eindeutig im Vorteil sind diejenigen, die auch über englische Sprachkenntnisse verfügen. Sie können die großen internationalen Genealogieseiten problemlos nutzen, nach ausgewanderten Vorfahren suchen und mit deren Nachkommen Kontakt aufnehmen. Aber auch derjenige, der nur deutschsprachige Genealogieseiten nutzen will, findet Informationen in Hülle und Fülle.

Vorstellung wichtiger Seiten

Das „Genealogienetz" und seine Projekte

Der Verein für Computergenealogie e.V. unterhält unter den Domains *http://www.genealogy.net* bzw. *http://www.genealogienetz.de* ein umfangreiches Internetangebot mit Informationen, Datenbanken, Mailinglisten und Foren. Diese Angebote sind für jeden frei zugänglich. Lediglich das quartalsweise erscheinende Magazin Computergenealogie und die jährlich herausgegebenen CDs sind Mitgliedern des Vereins vorbehalten.

Um die Vereinsprojekte erfolgreich weiter auszubauen, werden viele freiwillige Helfer gebraucht. Mitmachen kann man auch, wenn man nur geringe Vorkenntnisse hat. Es wird lediglich die Bereitschaft, sich mit der Mitmachhilfe bzw. anderen vorhandenen Einstiegshilfen zu befassen, benötigt.

Die einzelnen Projekte im Überblick:

GenWiki

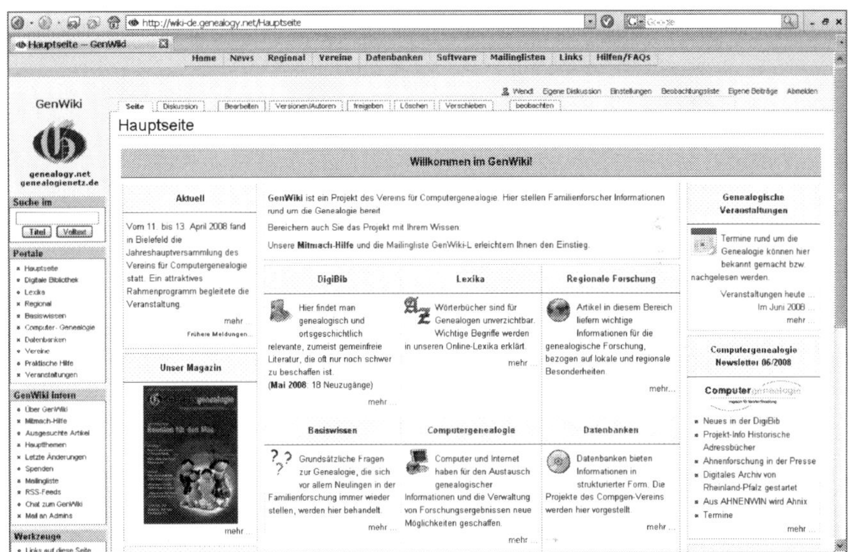

Die Geschichte des GenWiki beginnt mit dem Jahreswechsel 2003/2004. Bekannter wurde dieses spezielle Wiki im Sommer 2004, als der monatliche Computergenealogie-Newsletter Teil des GenWiki wurde. Seitdem arbeitet eine wachsende Benutzerzahl an der Erstellung von Artikeln zu Genealogie-Themen.

Zitat *http://wiki-de.genealogy.net/GenWiki:GenWiki*

„Ziel des **GenWiki** ist es, Informationen aus allen Bereichen, die für die genealogische Forschung wichtig sind, zusammenzutragen und frei zugänglich zu präsentieren." […] GenWiki ist Geben und Nehmen. Jeder Genealoge verfügt mit der Zeit über sehr spezielle und spezifische Kenntnisse über sein Forschungsgebiet. GenWiki lebt von der Bereitschaft seiner Autoren, diese Kenntnisse auf ein-

fache Weise allen anderen Interessierten zur Verfügung zu stellen. Dabei profitiert jeder vom Wissen der anderen."
Im Mai 2008 gab es laut Statistik bereits gut 114 000 Seiten (inklusive Diskussionsseiten, Seiten über GenWiki, kleine Seiten, Weiterleitungen und andere Seiten, die eventuell nicht als Seiten gewertet werden können).

Der erste Besuch auf der GenWiki-Hauptseite mag zunächst verwirrend sein. Bei genauerem Hinsehen zeigt sich, dass viele Elemente durchgehend vorhanden sind und die Orientierung erleichtern. Auf der linken Seite unter dem Logo gibt es die Suchfunktion, ferner Links zu den Portalen und Links zu den Bereichen „GenWiki intern", „Werkzeuge" und „Andere Sprachen".

Darüber hinaus findet man aktuelle Nachrichten, Veranstaltungshinweise und die Schlagzeilen des monatlichen Newsletters. Zudem werden die jeweils mit einem Klick erreichbaren Hauptbereiche vorgestellt, die hier „Portale" genannt werden. Dazu gehören:

- Die digitale Bibliothek (kurz: DigiBib): genealogisch und ortsgeschichtlich relevante Literatur
- Lexika: Erklärung wichtiger Begriffe in Online-Lexika
- Regionale Forschung: Informationen für die genealogische Forschung
- Basiswissen: Grundsätzliche Fragen zur Genealogie
- Computergenealogie: Nutzung der Möglichkeiten von Computer und Internet
- Datenbanken: Vorstellung der Projekte des Vereins für Computergenealogie
- Genealogische Vereine: Vorstellung genealogischer Vereine
- Praktische Hilfe: Praktische Hilfen und Tipps für die Forschung
- Veranstaltungen: Terminkalender mit Veranstaltungen rund um die Familienforschung

Wichtige Links für GenWiki-Neulinge, die nicht nur lesen, sondern auch mitarbeiten wollen:

Mitmachhilfe: *http://wiki-de.genealogy.net/Portal:Mitmach-Hilfe*
GenWiki-Mailingliste:
http://list.genealogy.net/mailman/listinfo/genwiki-l

Datenbanken

Die Datenbanken des Vereins für Computergenealogie sind der Allgemeinheit ohne Anmeldung kostenfrei zugänglich. Wer selbst Daten hochladen möchte, braucht dafür einen – ebenfalls kostenlosen – Benutzeraccount. Diesen kann man hier beantragen:
http://db.genealogy.net/anmeldung

GedBas

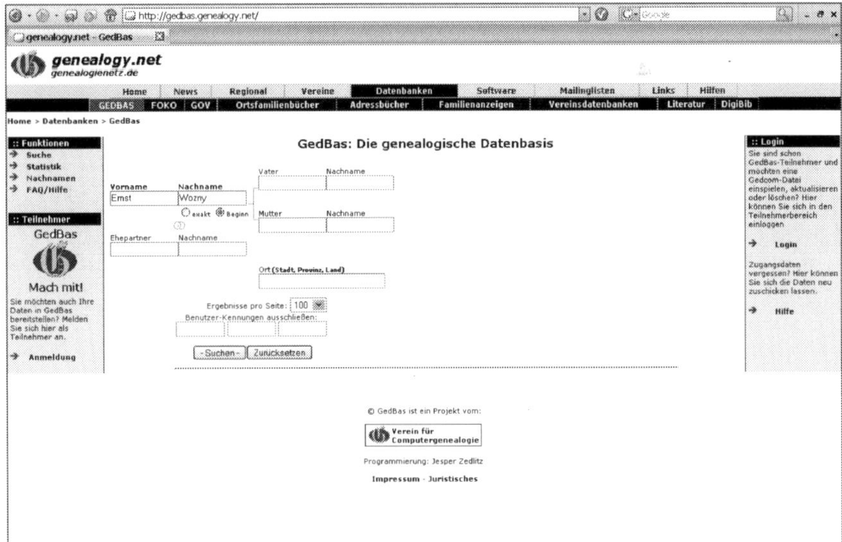

GedBas ist eine Abkürzung und steht für Genealogische Datenbasis. Forscher können dort ihre Familienforschungsdaten einstellen und so mit anderen Forschern in Kontakt kommen. Dazu muss man eine Gedcom-Datei erzeugen und ins Web hochladen. Gedcom-Dateien werden mit Hilfe von Genealogie-Programmen erzeugt. Daten, die man nur in Textverarbeitungs- oder Tabellenkalkulationsprogrammen verwaltet, finden also nicht ohne weiteres ihren Weg in GedBas. Man müsste sich schon die Mühe machen, die Angaben in ein Genealogie-Programm seiner Wahl zu übertragen. Das lohnt sich auch aufgrund der besseren Übersichtlichkeit und der vielfältigen Ausgabemöglichkeiten. Und weil das Dateiformat Gedcom das Datenaustauschformat unter Familienforschern ist.

Falls man noch keine genealogy.net-Benutzerkennung hat, muss man diese vor dem Hochladen der Dateien beantragen. Jeder Benutzer kann selbst festlegen, ob andere seine Datei(en) nur ansehen oder auch herunterladen können. Hat man neue Erkenntnisse hinzugewonnen, kann man die Daten aktualisieren. Bei Bedarf kann man sie aber auch komplett wieder löschen.

Wichtige Internetadressen:
GedBas: *http://gedbas.genealogy.net/*
GedBas-Hilfe: *http://wiki.genealogy.net/GedBas_FAQ*

FOKO

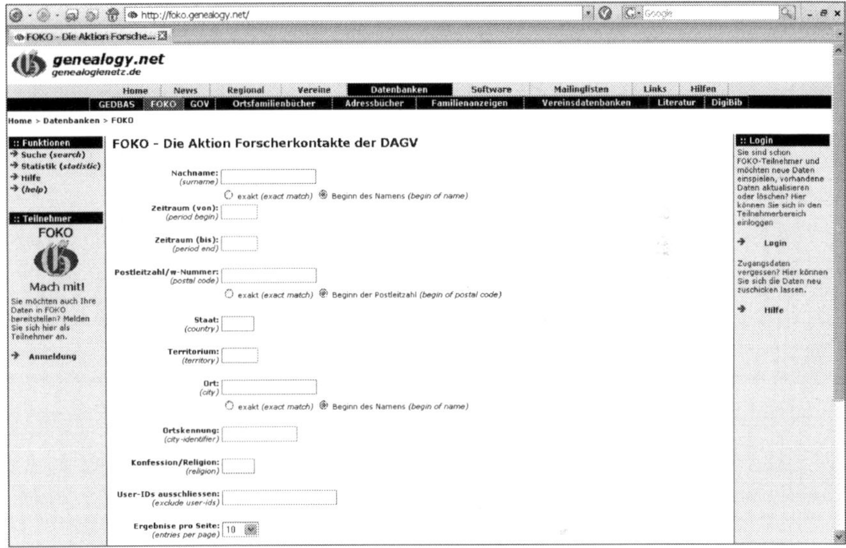

Die Abkürzung FOKO steht für den Begriff „Forscherkontakte". Es handelt sich dabei um ein Projekt der Deutschen Arbeitsgemeinschaft genealogischer Verbände e.V. (DAGV). Die FOKO-Datenbank im Internet kann auf verschiedene Weise durchsucht werden, meist wird man nach bestimmten Nachnamen suchen, evtl. mit räumlichen oder zeitlichen Einschränkungen, falls es ansonsten zu viele Treffer gibt. Durch die Suche findet man entweder andere Forscher mit gleichem Forschungsbereich oder auch Hinweise auf gedruckte Quellen bzw. Sekundärquellen wie Bücher oder CDs.

Wichtige Internetadressen:

FOKO: *http://foko.genealogy.net/*

FOKO-Hilfe: *http://wiki.genealogy.net/FOKO*

GOV

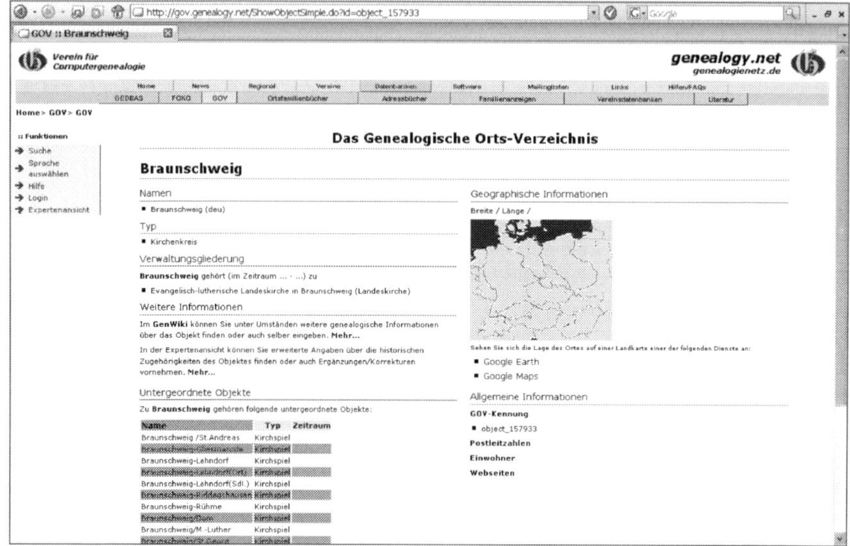

Das Genealogische Ortsverzeichnis (GOV) „ist eine Datenbank, in der man Städte, Ortschaften und Wohnplätze und dazu gehörige Informationen finden kann." Jeder Interessierte kann mitarbeiten und Daten eingeben. Selbstverständlich gehört einiges an Hintergrundwissen dazu, daher gibt es online Hilfetexte und eine Projektmailingliste.

Wichtige Internetadressen:
GOV: *http://gov.genealogy.net/*
GOV-Hilfe: *http://wiki.genealogy.net/GOV*
Projekt-Informationen: *http://wiki-de.genealogy.net/GOV/Projekt*

Online-Ortsfamilienbücher

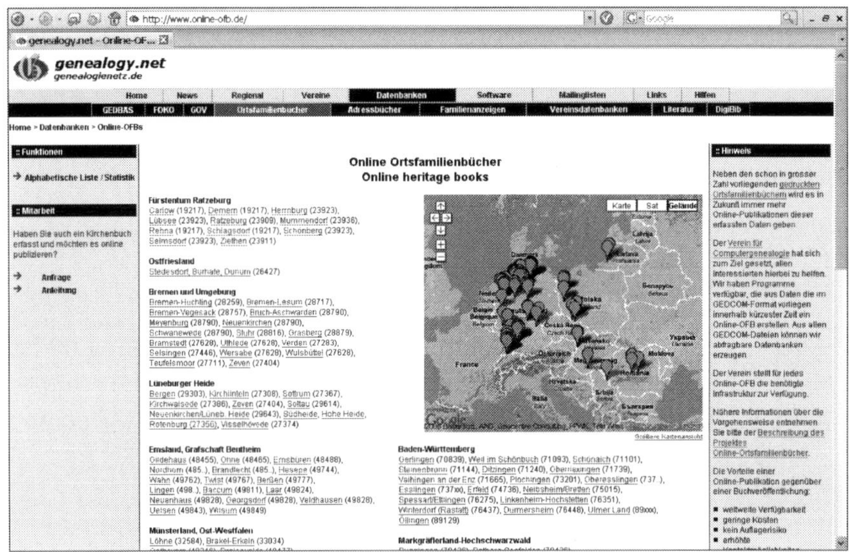

Manche Forscher werten die Daten ganzer Kirchspiele oder Orte aus und erstellen daraus so genannte Ortsfamilienbücher. Als Quelle dienen dafür in der Regel Kirchenbücher, aber auch andere personengeschichtliche Quellen. Die traditionelle Form der Veröffentlichung ist das Buch. Da heutzutage aber meist ohnehin am PC und mit Hilfe eines speziellen Programms gearbeitet wird, bietet es sich an, sein Ortsfamilienbuch auf der vom Verein für Computergenealogie zur Verfügung gestellten Plattform auch online zu veröffentlichen. Viele Autoren haben das bereits getan und kommen so in den Genuss vieler Vorteile. Die Online-„Bücher" sind weltweit verfügbar und können bei Bedarf schnell und unkompliziert aktualisiert werden. Die große Bekanntheit durch das Internet steigert den Absatz der gedruckten Bücher und führt dazu, dass interessierte Nutzer verstärkt Hinweise und Ergänzungen beitragen.

Auf der Projekt-Startseite sind alle bisher online veröffentlichten Bücher aufgelistet, eine Karte dient der besseren Orientierung.

Wichtige Internetadressen:
Online-Ortsfamilienbücher: *http://www.online-ofb.de/*
Projekt-Anleitung: *http://wiki-de.genealogy.net/Projekt_OFB*
GenWiki-Artikel Ortsfamilienbuch:
http://wiki-de.genealogy.net/Ortsfamilienbuch

Adressbücher

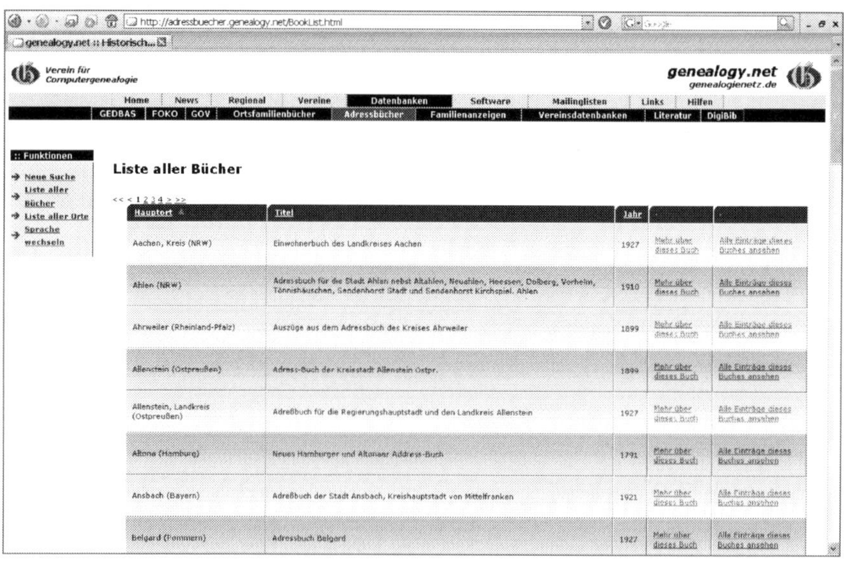

Historische Adressbücher sind eine wichtige Quelle für die Familienforschung. Die von Projektmitarbeitern aus den Büchern erfassten Daten sind in Form einer Online-Datenbank für jedermann abfragbar. Es gibt ein Suchformular zur Suche im Gesamt-Datenbestand und eine Liste aller Bücher mit Detailinformationen über die einzelnen Bücher.

Wichtige Internetadressen:
Adressbuch-Datenbank: *http://adressbuecher.genealogy.net/*
Projekt-Anleitung: *http://wiki-de.genealogy.net/Projekt_Adressbücher*

Familienanzeigen

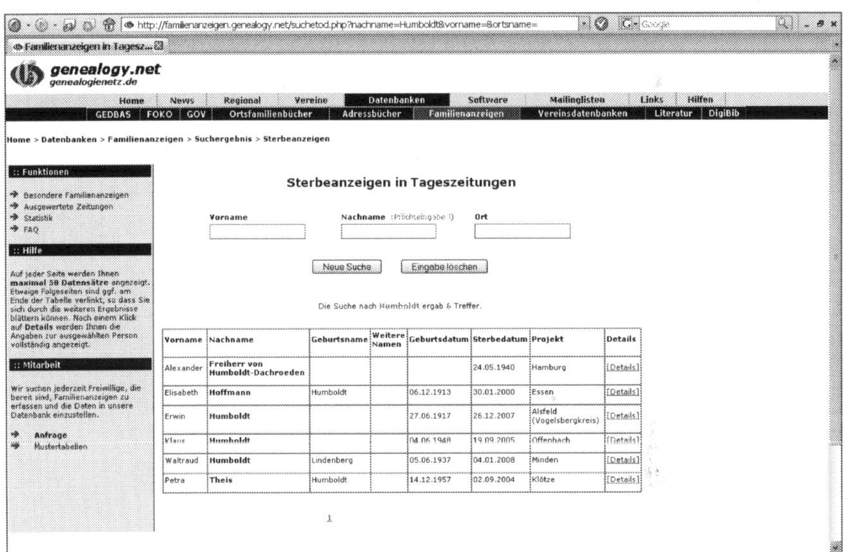

Die freiwilligen Mitarbeiter des Projekts „Familienanzeigen in Tageszeitungen" erfassen Familienanzeigen (Geburts,- Heirats-, Todesanzeigen etc.) aus Zeitungen und Standesamtlichen Nachrichten. Bei den Zeitungen handelt es sich um regionale wie überregionale Zeitungen. Eine Übersicht über die bisher erfassten Zeitungen findet man auf der Hauptseite des Projekts. Zum Projekt gehört ebenfalls die überregionale Erfassung und Auswertung von Totenzetteln, die auch in digitaler Form zur Verfügung stehen. Im Mai 2008 waren fast 1,5 Mio. Datensätze online.

Wichtige Internetadressen:
Familienanzeigen: *http://familienanzeigen.genealogy.net/*
Projekt-Anleitung: *http://wiki.genealogy.net/FAQ-Familienanzeigen*

Weitere Angebote:

Mailinglisten

In den vom Verein für Computergenealogie betriebenen Mailinglisten können Familienforscher Kontakte knüpfen, Forschungsfragen diskutieren und Erfahrungen und Ergebnisse miteinander teilen. Die Teilnahme an diesen Mailinglisten ist kostenlos. Für jede Liste gibt es eine spezielle E-Mail-Adresse. Mails, die an diese Adresse geschickt werden, gehen an alle im Mailverteiler eingetragenen Teilnehmer. Das können einige wenige, aber auch einige Hundert Personen sein.

Wichtige Links:
GenWiki Artikel „Mailinglisten":
http://wiki-de.genealogy.net/Genealogische_Mailinglisten
Mailinglisten-Übersicht: *http://list.genealogy.net/mailman/listinfo*

Foren

Foren sind eine weitere Möglichkeit der Kommunikation im Internet. Die Beiträge werden online geschrieben und können von jedem Internetnutzer gelesen werden. Mailinglisten haben zwar auch Archive, in denen frühere Beiträge nachgelesen werden können, einige davon sind aber nicht offen, sondern nur für angemeldete Teilnehmer zugänglich. Insofern sind Foren die offenere Kommunkationsform. Das sollte vor dem Schreiben der Beiträge bedacht und entsprechend berücksichtigt werden.

Wichtige Links:
Foren-Startseite: *http://forum.genealogy.net/*

Ahnenforschung.org

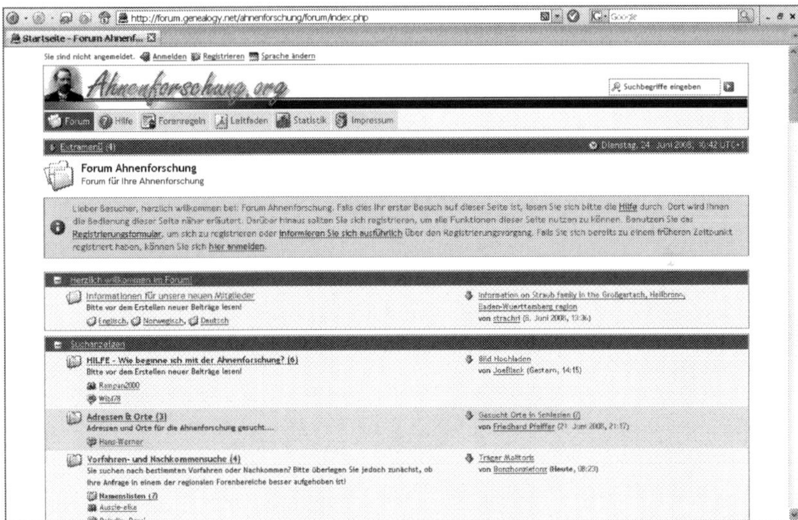

Ahnenforschung.net

Seit Mitte 1998 gibt es das Onlineportal Ahnenforschung.Net, das sich mittlerweile zu einem der beliebtesten genealogischen Portale entwickelt hat. Den Anfang bildeten genealogische Suchanzeigen, eine Forscherdatenbank, das Internetmagazin „Familienforschung Online" und diverse andere Angebote wie der Webring, Weiterleitungsadressen und der Genealogie-Chat. Später kamen das Webverzeichnis, die Fernabfrage diverser Genealogie-Datenbanken, der Shop, ein Wissensportal und Foren hinzu.

FamilySearch

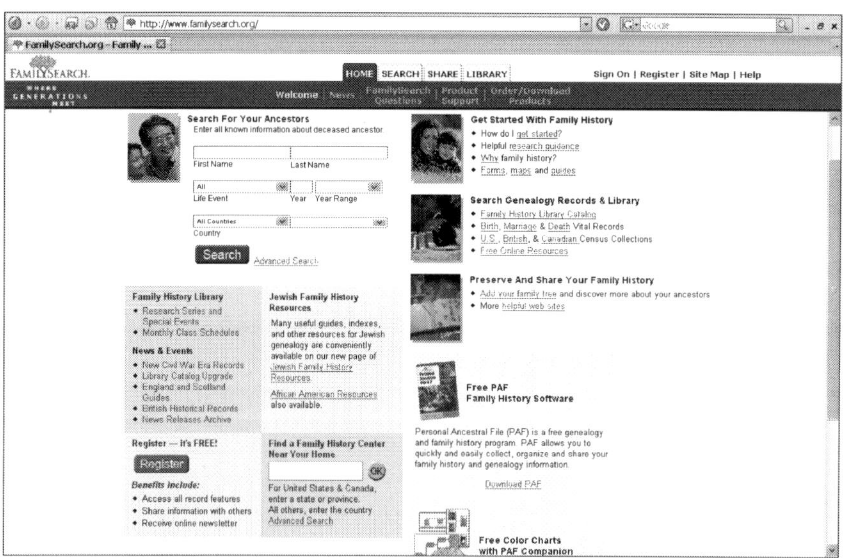

Eine für Ahnenforscher sehr wichtige Seite ist die FamilySearch-Homepage, die unter *http://www.familysearch.org* zu finden ist. Diese Seite beinhaltet die Angebote der Kirche Jesu Christi der Heiligen der Letzten Tage (auch unter dem Namen Mormonen bekannt) im Bereich der Genealogie. Die Mormonen forschen aus Glaubensgründen intensiv nach ihren Vorfahren. Sie stellen alle angebotenen

Ressourcen aber nicht nur den eigenen Mitgliedern, sondern auch der Allgemeinheit zur Verfügung.

Schon vor dem Zweiten Weltkrieg begann man mit der Mikroverfilmung genealogisch relevanter Dokumente. Die Mikroverfilmung bzw. neuerdings auch Digitalisierung alter Kirchenbücher und anderer Unterlagen wird bis in die heutige Zeit fortgesetzt. Die Mikrofilme sind weltweit in den genealogischen Forschungsstellen der Mormonen einzusehen.

Die wichtigsten Bereiche von FamilySearch im Überblick:

Home:
Die Einstiegsseite bietet Verweise zu allen wichtigen Bereichen.

Search:
Hier sind die Datenbanken zu finden, die entweder gemeinsam oder auch einzeln durchsucht werden können.

Share:
Wer eigene Daten beitragen möchte, muss sich zunächst anmelden. Wer bereits Benutzer ist, kann sich hier einloggen bzw. seine Benutzerdaten aktualisieren.

Library:
Im Bereich Library findet man Informationen über die Hauptstelle der Bibliothek in Salt Lake City sowie die Adressen der Genealogie-Forschungsstellen weltweit. Zudem erreicht man über den Reiter Library ebenfalls den Katalog der Verfilmungen. Hier kann nach Orten bzw. nach Stichworten gesucht werden. Wer im Katalog Verfilmungen findet, die er in der nächstgelegenen Forschungsstelle einsehen möchte, benötigt zur Bestellung die Filmnummern. Die Bestellung der Materialien erfolgt ebenfalls online, und zwar auf

der Seite *http://films.familysearch.org*. Diese Seite ist – im Gegensatz zur FamilySearch-Homepage – auch in Deutsch verfügbar.

Ancestry

Ancestry.de gehört zur „The Generations Network GmbH", die seit 2006 auch in Deutschland tätig ist. In Europa ist das Unternehmen mit eigenen Webseiten in Deutschland, Italien, Frankreich, Schweden und Großbritannien vertreten. Der Ursprung bzw. Hauptsitz der Firma liegt in den USA, weitere Länderportale existieren für Kanada und Australien.

Im Gegensatz zu den bisher besprochenen Seiten sind auf Ancestry.de viele Informationen erst nach (kostenloser) Registrierung bzw. teilweise auch nur gegen Gebühr einsehbar.

Startseite
Die Einstiegsseite bietet einen Überblick über alles, was man auf Ancestry.de finden kann. Der Nutzer erhält einen Eindruck, welche Datenbanken kostenlos und welche gegen Bezahlung angesehen werden können und was gerade neu hinzugekommen ist. Es gibt Tipps und Informationen und eine Suchmaske zur Suche in der Gesamtdatenbank.

Mein Ancestry
„Mein Ancestry" ist der persönliche Startbereich für jeden Nutzer. Hier kann man einen eigenen Familienstammbaum beginnen. Dies geschieht entweder direkt online oder durch Hochladen einer bereits vorhandenen Familienstammbaum- oder Gedcom-Datei. Vor dem Anlegen oder Hochladen eines Stammbaums sollte man sich auf jeden Fall die so genannte „Einsendevereinbarung" genau durchlesen.

Suchen
Hier kann man in historischen Aufzeichnungen, Familienstammbäumen, Geschichten und Publikationen sowie im Bereich Fotos und Karten suchen. Die Suchergebnisse können bei Bedarf eingeschränkt werden auf „nur deutsche Quellen".

Community
Zur Community gehören – bislang wenig genutzte – deutsche Foren und die Möglichkeit, nach anderen Ancestry-Benutzern mit ähnlichen Forschungsinteressen zu suchen. Letzteres dürfte die wichtigere Option sein.

DNA
Im DNA-Bereich wird ein Überblick über die genetische Genealogie geboten und der DNA-Service auf Ancestry.com vorgestellt.

Infocenter
Tipps von Dr. Burghardt und Andrea Bentschneider – beides erfahrene Genealogen – sowie Hilfen zur Familienforschung und zur Ancestry-Website stehen in diesem Bereich zur Verfügung. Man kann ältere Ausgaben des Ancestry-Newsletters nachlesen und findet dort weiterhin Artikel über historische Themen und Familiengeschichte.

Family Tree Maker
Die Software Family Tree Maker wird vorgestellt, die über eine Online-Funktion und Verbindung zur Ancestry-Datenbank verfügt. Family Tree Maker ist ein Genealogie-Programm, das seit vielen Jahren auf dem Markt ist und ständig weiterentwickelt wird.

Verwandt.de – stellvertretend für soziale Netzwerke

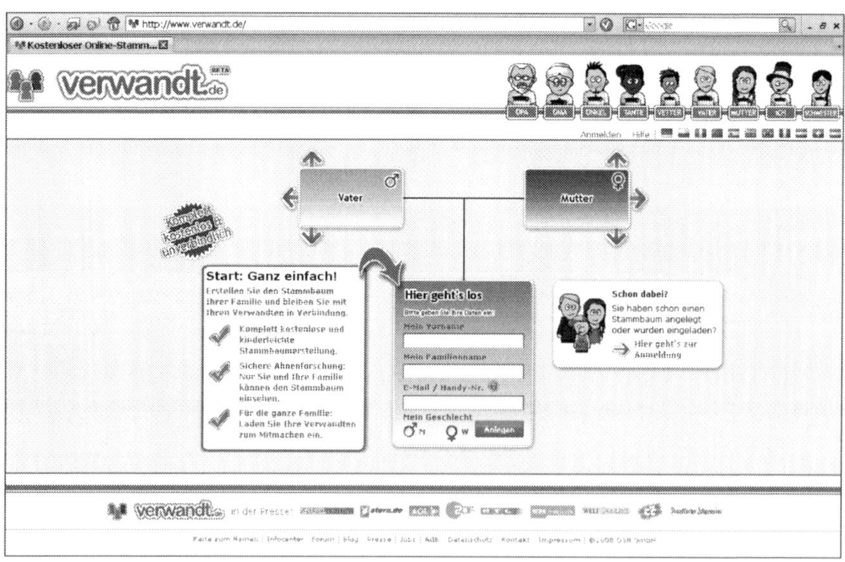

Im Sommer 2007 ging verwandt.de nach einer geschlossenen Betatest-Phase online. Auf dieser Plattform können Familien seitdem kostenfrei Stammbäume anlegen und ihr ganz privates Netzwerk pflegen. Wer sich online registriert hat, kann weitere Familienmitglieder zur Teilnahme am Familiennetzwerk und zur Mitarbeit am Familienstammbaum einladen.

Stammbaum online

Bei Verwandt.de kann die ganze Familie bzw. Verwandtschaft gemeinsam am Familienstammbaum arbeiten. Es genügt, wenn ein Familienmitglied den Anfang macht und die anderen zur Mitarbeit einlädt. Anmeldung bzw. Nutzung der Onlinefunktionen sind kostenlos. Auf der Startseite bzw. im Blog sind zahlreiche Presseberichte verlinkt, da das Familiennetzwerk mit seinen neuen Möglichkeiten große Aufmerksamkeit in der Presse gefunden hat. Für neue Nutzer gibt es umfangreiche Hilfen, die Foren und darüber hinaus die Möglichkeit, sich ans Team und die verwandt.de-Community zu wenden.

Namenskarten

Verwandt.de bietet ebenfalls Karten an, aus denen hervorgeht, wie die Verbreitung von Familiennamen in Deutschland aussieht. Es kann sowohl die absolute als auch die relative Verbreitung von Namen angezeigt werden. Auf der Website *http://www.verwandt.de/karten/* wird erklärt:

„Die absolute Verteilung zeigt an, wieviele Personen eines Namens insgesamt in einem Landkreis leben. Die relative Verteilung sagt aus, wieviele Personen es im Verhältnis zur Bevölkerung jedes einzelnen Landkreises gibt. Dadurch werden Verzerrungseffekte durch Großstädte ausgeglichen."

Diese Karten gibt es auch für andere Länder, derzeit sind es folgende: Polen, Schweiz, Österreich.

Infocenter

Im Infocenter findet man u.a. allgemeine Informationen zur Ahnenforschung, ein paar Tipps für Familienforscher und einen Familienfragebogen.

Forum

Das Forum dient dem Austausch von Informationen und Erfolgserlebnissen. Ebenso kann man Fragen zu verwandt.de stellen, Fehler melden, Wünsche äußern und die Meldungen der verwandt.de-Redaktion lesen.

Blog

Neues über verwandt.de erfährt man außerdem im Blog. Die Einträge sind chronologisch geordnet, man kann sie sich aber auch nach Kategorien sortiert ansehen (Allgemein, Business, Fun, Presse, Neues, Statistiken, Umfrage etc.).

Presseinformationen

Nicht nur für Journalisten interessant ist der Pressebereich. In diesem Teil der Website gibt es auch Links zu Artikeln über verwandt.de, zu Radio- und TV-Beiträgen, ferner natürlich Basisinformationen und die Pressemitteilungen der letzten Monate.

Verwandt.de ist auch international tätig. Das Familiennetzwerk ist auch in Polen (http://www.moikrewni.pl), Frankreich (http://www.familleunie.fr), Großbritannien (http://www.itsourtree.com), den Niederlanden (http://www.verwant.nl), in Brasilien (http://www.meusparentescom.br), Italien (http://www.parentistretti.it), Portugal (http://www.meusparentes.com.pt), Österreich (http://www.verwandt.at), der Schweiz (http://www.verwandt.ch) und in Spanien (http://www.miparentela.com) vertreten.

Im Februar wurde das komplette Projekt verwandt.de an das israelische Start-up Unternehmen MyHeritage verkauft, welches nun weltweit die Nummer zwei in diesem Segment ist.

Weitere Familiennetzwerke:
International, teilweise in mehreren Sprachen verfügbar:
Amiglia: *http://www.amiglia.com/*
FamilyLink: *http://www.familylink.com/*
Famiva: *http://www.famiva.com/*
Geni: *http://www.geni.com/*
KinCafe: *http://www.kincafe.com/*
Kindo: *http://www.kindo.com*
OneGreatFamily: *http://www.onegreatfamily.com/*
TribalPages: *http://www.tribalpages.com/*
WeRelate: *http://www.werelate.org/*
Zooof: *http://www.zooof.com/*

World Vital Records

World Vital Records wurde 2006 von Paul Allen und einigen anderen ehemaligen Mitarbeitern von Ancestry.com gegründet. Zehn

Jahre zuvor hatten sie maßgeblichen Einfluss auf die Geschicke von Ancestry.com, haben die Firma aber nach einigen Jahren aufgrund von Unzufriedenheit mit den Entscheidungen der Investoren verlassen.

Wie die meisten US-Genealogieseiten hat auch World Vital Records den Schwerpunkt auf US-Daten. Allerdings wird der internationale Bereich nach und nach weiter ausgebaut. So sind u. a. bereits Datenbanken für die Länder Deutschland, Frankreich, Italien, Norwegen, Schweden und die Schweiz verfügbar. Es gibt einen kostenlosen wöchentlichen Newsletter, der über Neuigkeiten auf der Website informiert, aber auch Tipps, Hilfen und Tutorials enthält.

Gibt man auf der Startseite Namen in die Suchmaske ein, erhält man anschließend eine Übersicht über die Trefferanzahl in allen verfügbaren Datenbanken. Einige davon sind frei zugänglich. Bei den anderen wird angezeigt, welche Art der Mitgliedschaft (U.S. Membership oder World Membership) benötigt wird, um die konkreten Daten einzusehen. Außerdem werden noch die Ergebnisse der Google Buchsuche für die gesuchten Stichwörter aufgelistet. Mitgliedschaften sind entweder pro Monat oder jahresweise zu bezahlen, wobei die jährlichen Mitgliedschaften preiswerter sind als die mit der kürzeren Laufzeit.

Klickt man aus der Länderübersicht heraus eine einzelne kleine Datenbank an und versucht, in dieser Namen zu finden, führt die Namenseingabe in die Suchmaske aber nicht zu Suchergebnissen, sondern nur auf die Anmeldeseiten. Besser ist also der Weg über die Startseite. Entweder nutzt man nun nur die kostenlos zugänglichen Informationen oder entscheidet sich für eins der Abos, falls dies lohnenswert erscheint.
Zu World Vital Records gehört noch das Familiennetzwerk Family-Link (*http://www.familylink.com*).

Ahnenforschung richtig organisieren

Was du ererbt von
deinen Vätern hast,
erwirb es,
um es zu besitzen.

Johann Wolfgang von Goethe
(dt. Dichter und Naturwissenschaftler, 1749–1832), aus: Faust I, Vers 682 f.

Organisieren – auf dem Papier oder mit dem Computer?

Mit wachsender Informationsmenge wächst auch die Dringlichkeit, die Forschungsergebnisse zu organisieren und zu verwalten. Fortschrittliche Familienforscher neigen dazu, die Forschungsergebnisse direkt in den Computer einzugeben und ausschließlich am PC zu verwalten: Sie nehmen das Notebook sogar mit in das Archiv. Andere, gern als altmodisch belächelte Forscher, nutzen nach wie vor Papier und Stift. Die Frage, ob man die gesammelten Informationen mit Papier oder PC verwalten sollte, stellt sich aber genau genommen gar nicht mehr. Die Erfahrungen der letzten Jahre haben gezeigt, dass die meisten Familienforscher beide Varianten nebeneinander nutzen, und das aus gutem Grund.

Nur mit einem Genealogieprogramm können die gesammelten Daten wirklich ausgewertet werden, weshalb niemand mehr auf diese Möglichkeit verzichten sollte. Auf Tastendruck zeigt der Bildschirm alle Vorfahren oder Nachfahren zu einer bestimmten Person an, filtert alle Personen mit gleichem Beruf aus der Menge heraus oder erstellt eine Liste mit allen Personen aus einem bestimmten Kirchspiel. Listen und Tafeln werden nicht mehr mühsam mit Hand oder Schreibmaschine erstellt, sondern werden optisch ansprechend ausgedruckt.

Und doch – ganz verzichten kann und sollte der Familienforscher auf die gute alte Papierform nicht. Die meisten Familienforscher haben nach wie vor ihre Ordner im Regal, um sie jederzeit herausziehen, betrachten und vorzeigen zu können. Sie bewahren darin Urkunden, alte Fotos und die gesammelten Informationen auf. Auf diese Weise kann man die auf Papier festgehaltenen Notizen aus dem Archiv einheften, bis man die Zeit findet, sie in den PC einzugeben und hat im Zweifelsfall immer eine Kontrollmöglichkeit für die in den PC eingegebenen Daten. In vielen Fällen sind die Fragestellungen zur Organisation für die Forschungsmappe die gleichen wie bei der Eingabe in ein Genealogieprogramm.

WICHTIG: Schreiben Sie nur mit dokumentenechter Tinte oder Mine: Ihre Enkel finden sonst später nur leere Blätter vor! In Tinte schreiben Sie nur jene Daten, die anhand von Urkunden, Kirchenbucheinträgen o. ä. von Ihnen belegt sind. Alle Daten aus Zweitschriften oder vom Hörensagen tragen Sie bitte nur mit Bleistift oder Fragezeichen ein, bis Sie die Richtigkeit der Daten mit Hilfe von Originalquellen nachweisen konnten. So sind zum Beispiel viele Ahnenpässe aus dem Zweiten Weltkrieg fehlerhaft, aber auch Ortsfamilien- oder Ortsippenbücher wurden von Menschen geschrieben, und diese machen bekanntlich Fehler.

Personenstammblatt, Familienstammblatt

Für Ihre Akten legen Sie sich am besten für jede Person oder für jede Familie eine Din-A4 Seite an. Hier tragen Sie alles ein, was Sie an Details zur Person bzw. Familie finden und geben Fotokopien der Quellen und Fotos in einer Klarsichthülle hinzu. Im Internet finden sich für solche Bögen zahlreiche Varianten zum Download, sie finden aber auch jeweils ein Beispiel in diesem Buch, dass Sie sich entweder kopieren und vervielfältigen oder als Vorlage für einen eigenen Entwurf nutzen können. Vergleichbar ist diese Arbeit mit dem Ausfüllen der Eingabemaske bei einem Computerprogramm.

Schreibweisen für Namen und Orte

Es wird nicht lange dauern, bis Sie sich diese Frage stellen – egal ob Sie die Daten mit dem PC oder auf Papier verwalten. Irgendwann stoßen Sie auf das Phänomen, dass in irgendeinem Kirchenbucheintrag der Familienname plötzlich ganz anders geschrieben wird und Sie überlegen, ob diese Person denn nun wirklich die gesuchte sein kann.
Ja – sie kann.

Anders als in der heutigen Zeit der Standesämter war es früher nicht wichtig, wie man einen Namen schrieb. Meist konnten nur wenige Menschen überhaupt schreiben und Namen schrieb der Pastor schlicht nach Gehör. Und so variiert die Schreibweise eines Namens von Ort zu Ort, von Pastor zu Pastor. Hat bei einem Traugespräch der Bräutigam nach durchzechter Nacht dann auch noch seinen Namen genuschelt, so kamen ganz neue Namensschöpfungen in das Kirchenbuch. Abgesehen davon verändert sich die Schreibweise eines Namens meistens sowieso im Laufe der Generationen. Was aber bedeutet dies nun für unsere Forschungsarbeit? Zunächst einmal müssen Sie immer im Hinterkopf haben, dass die Person, die Sie gerade suchen eventuell in den Unterlagen anders geschrieben wird. Darüber hinaus muss man sich aber auch überlegen, wie man nun diese Vorfahren in die Akten bzw. in den PC eingibt. Es gibt Forscher, die jede Person in den Akten bzw. im PC so führen, wie sie sich zu Lebzeiten schrieb. Mit diesem Vorgehen

Personenstammblatt

Kenn-Nr.:

Name:

abweichende Schreibweisen:

Eltern:

Beruf: Religion:

Geburt:

Taufe:

Taufpaten:

Tod:

Beerdigung:

Eheschließungen und Kinder aus diesen Beziehungen:

Weitere Daten zum Lebenslauf:

Quellen:

Personenstammblatt

Familienblatt

Name: Nr.:
Beruf: Religion:
Eltern:
Geburt:
Taufe:
Tod:
Beerdigung:
Weiteres:

Eheschließung am in

Name: Nr.:
Beruf: Religion:
Eltern:
Geburt:
Taufe:
Tod:
Beerdigung:
Weiteres:

Kinder dieser Ehe:

Quellen:

Familienstammblatt

haben sie dann solange Erfolg, bis es mehrere Schreibweisen bei ein und derselben Person gibt. Mitunter kann es vorkommen, dass Sie zu einer direkten männlichen Stammeslinie zehn oder mehr verschiedene Schreibweisen des Nachnamens sammeln. In einigen Gegenden Westpreußens soll es auch vorgekommen, dass ein Name im Kirchenbuch mal in Deutsch, mal in der polnischen Übersetzung auftauchte bzw. umgekehrt, was nicht nur die Suche, sondern auch das Verwalten dieser Vorfahren zu einem Problem werden lässt.

Bewährt hat sich daher, für die Verwaltung in den Akten bzw. im PC die aktuellste Schreibweise zu wählen. Die Vorfahren von Ernst Hugo Grauhaupt heißen nun in Ihren Akten alle Grauhaupt – auch wenn man auf die Schreibweisen Grauhaus, Krauthaupt oder Graulau trifft. Dies erleichtert die Verwaltung vor allem mit dem PC beträchtlich. Darüber hinaus aber sollte man auf jeden Fall andere Schreibweisen nicht ignorieren sondern gewissenhaft mit Zeitraum, Ort und Quellen notieren. Dies kann unter Umständen bei der Suche nach weiteren Verwandten sehr wichtig sein.

Mit Ortsnamen verhält es sich ähnlich. Auch bei ihnen änderte sich die Schreibweise im Laufe der Zeit, selbst wenn der Name der gleiche blieb. Beispiel: der Ort Mariensee in Westpreußen hieß:

1294: Priuisa oder auch Privisa
1437: Margensehe oder Margensee
1570: Mariensehe
1773 bis 1945: Mariensee
heute: Przywidz (polnisch)

Aber auch die Kreis- oder Landeszugehörigkeit änderte sich mitunter. In Zeiten des Internets ist es wichtig, eindeutige Suchbegriffe zu haben. Folglich sollte man die heute bzw. zuletzt aktuelle Schreibweise für die Verwaltung wählen. Damit ist gemeint: im Normalfall schreibt man Ortsnamen so, wie sie heute geschrieben werden, damit jeder diesen Ort leicht wieder finden kann. In den Fällen wie im oben genannten Beispiel sollte man jedoch die zuletzt aktuelle Schreibweise wählen, da der Ort heute polnisch ist – die Vorfahren aber deutscher Staatsangehörigkeit waren und in einem damals deutschen Ort lebten. Weil es aber für jeden Familienforscher einen besonderen Reiz hat, diese alten Schreibweisen zu finden, sollte man auch hier eine Möglichkeit schaffen, die Variationen innerhalb der Akten zu bewahren, sei es auf dem Papier, indem man die alte Schreibweise in Klammern hinter den aktuellen Ortsnamen setzt oder im PC-Programm Notizen dazu anlegt. Auch hier kann es im Verlauf der weiteren Forschungen wichtig sein, die verschiedenen Schreibweisen eines Ortes zu kennen.

Woher weißt du das? – Quellenangaben nie vergessen

Egal ob Sie die Daten im Aktenordner oder im Genealogieprogramm sammeln – vergessen Sie bei dem Festhalten der Informationen niemals die Quellenangaben. Zu Beginn hält man es meist noch nicht für wichtig. Doch mit zunehmendem Interesse an den Forschungen und mit wachsendem Umfang der Ergebnisse könnte man anfängliche Nachlässigkeiten bald bereuen. Der Wert Ihrer Forschungsergebnisse steigt und fällt mit der Präzision, mit der Sie belegen können, woher die einzelnen Informationen stammen. Nicht nur Forscherkollegen interessiert diese Information brennend, auch Sie selbst könnten einmal in die Situation kommen, eine Quelle ein zweites Mal nachschlagen zu müssen um offene Fragen zu klären.

Wann immer es möglich ist, sollten Sie eine Abbildung von Quellen zu Ihren Akten nehmen. Gehen Sie dabei immer so rücksichtsvoll wie möglich vor und mit einem gehobenen Respekt vor alten Unterlagen. Familienforscher, die alte Kirchenbücher in Kopierer stopfen oder sich für die private Sammlung Kirchenbuchseiten herausreißen, bringen alle Genealogen in Verruf und richten nie wieder gutzumachenden Schaden an. Fragen Sie lieber, ob Sie die Kirchenbuchseite mit einer hoch auflösenden Digitalkamera fotografieren dürfen. Wenn Sie nicht wissen, wie man hierbei am einfachsten vorgeht bekommen Sie hierzu und auch zu vielen anderen Themen nützliche Hinweise in der vierteljährlich erscheinenden Zeitschrift „Computergenealogie" vom gleichnamigen Verein. Zumindest sollten Sie Quellen wortgetreu abschreiben.

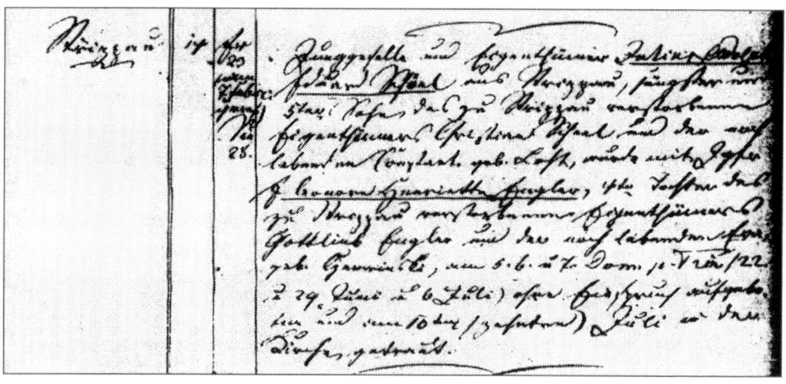

Wie kennzeichne ich die vielen Personen…?
Mit Zunahme der Forschungsergebnisse ergibt es sich schnell, dass man nicht mehr alle Personen im Kopf haben kann. Es summieren sich Personen gleichen Namens und es wird immer schwieriger, den Überblick zu behalten. Folgende Tabelle soll Ihnen verdeutlichen, wie viele Personen Sie im Laufe der Zeit unter Umständen verwalten müssen.

Aus diesem Grunde sollten Sie sich frühzeitig mit der Frage einer passenden Bezifferung befassen. Allerdings haben sich bereits viele

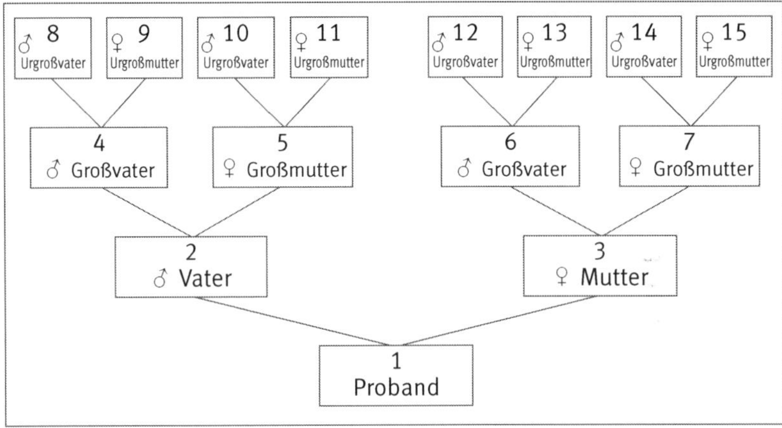

Genealogen in der Vergangenheit Gedanken darüber gemacht, wie man die vielen Menschen einer Genealogie so kennzeichnen kann, dass sowohl der Forscher selbst als auch fremde Betrachter den Durchblick behalten.

Die bekannteste Bezifferung ist die Kekule-Bezifferung. Die Person, bei der alles seinen Ausgang nimmt (also der Proband), erhält die Nr. 1. Sollten Sie auch die Linie ihres Ehepartners erforschen, so ist es sinnvoll, ihr Kind mit der 1 zu beziffern. Der Vater erhält nun immer die doppelte Zahl (x mal 2), bei der Mutter wird eine 1 dazu addiert (x mal 2 + 1). Das hört sich kompliziert an, aber diese einfache mathemathische Formel erleichtert das Durchblättern und Suchen erheblich. Beispiel: Sie suchen in Ihrer Mappe die Eltern von Nr. 13 (ungerade Zahl, es ist also eine Frau). 13 x 2 = 26. Der Vater von Nr. 13 ist also Nr.26, die Mutter 27. Der Ehemann von Nr. 13 hat die Nr. 12, ihr Kind in der Ahnenreihe folglich die Nummer 6. Mit etwas Übung kommen Sie mit diesen Zahlen schnell zurecht.

Um den Überblick weiter zu verbessern, kennzeichnen Sie noch die einzelnen Generationen mit römischen Ziffern, also Generation I, Generation II usw.

Generation	Ahnenbezifferung	Bezeichnung
I	1	Proband
II	2 und 3	Eltern
III	4 bis 7	Großeltern
IV	8 bis 15	Urgroßeltern
V	16 bis 31	Alteltern
VI	32 bis 63	Altgroßeltern
VII	64 bis 127	Alturgroßeltern
VIII	128 bis 255	Obereltern
IX	256 bis 511	Obergroßeltern
X	512 bis 1023	Oberurgroßeltern
XI	1024 bis 2047	Stammeltern
XII	2048 bis 4095	Stammgroßeltern
XIII	4096 bis 8191	Stammurgroßeltern
XIV	8192 bis 16383	Ahneneltern
XV	16384 bis 32767	Ahnengroßeltern
XVI	32768 bis 65535	Ahnenurgroßeltern
XVII	65536 bis 131071	Urahneneltern
XVIII	131072 bis 262143	Urahnengroßeltern
XIX	262144 bis 524287	Urahnenurgroßeltern
XX	524288 bis 1048575	Erzeltern
XXI	1048576 bis 2097151	Erzgroßeltern
XXII	2097152 bis 4194303	Erzurgroßeltern
XXIII	4194304 bis 8388607	Erzahneneltern
XXIV	8388608 bis 16777215	Erzahnengroßeltern
XXV	16777216 bis 33554431	Erzahnenurgroßeltern

So bekannt und verbreitet dieses System ist, so hat es leider doch entscheidende Nachteile: Nur die direkten Vorfahren einer Person werden erfasst. Die Realität aber sieht anders aus: die meisten Forscher erfassen auch Geschwister und deren Kinder. Eine solche Vorgehensweise ist auch sinnvoll, weil erst durch das Erfassen der ganzen Familie viele soziale Zusammenhänge aufgezeigt werden und sich die Chancen vergrößern, auf einen Forscherkollegen zu treffen. Manche Forscher beschäftigen sich auch irgendwann verstärkt mit der Nachkommenforschung: Sie versuchen alle noch lebenden Nachkommen einer bestimmten Person zu ermitteln.
Die Kekulebezifferung eignet sich daher zwar für die übersichtliche Darstellung von Vorfahren, nicht aber für Familienzusammenhänge, die darüber hinausgehen. Für unsere Akten sollten wir folglich eine andere Bezifferung wählen.
Es gibt viele verschiedene Varianten der Nachkommenbezifferung. Doch die Nachkommenbezifferung setzt voraus, dass Sie erst einmal den Vorfahren in der Vergangenheit ermittelt haben, dessen Nachkommen Sie dann erforschen möchten. Bis dahin erforschen Sie Vorfahren und deren Familien – und all diese Menschen brauchen eine Bezifferung. Es ist wenig sinnvoll, die Personen der Forschungsergebnisse unbeziffert zu lassen, bis man sich vielleicht irgendwann für diese Art der Forschungen entscheidet. Informationen zu Systemen der Nachkommenbezifferung finden Sie im Internet, beispielsweise auf der Webseite *http://familie-baeumer.eu/html/ahnenbezifferung.html.*

Einen Ausweg aus dieser Situation bietet die Kombination aus der bekannten und verbreiteten Kekule- und dem Prinzip der Nachkommenbezifferung. Die nun folgende als Beispiel beschriebene Form der Bezifferung ist keine offizielle Variante, sondern eine von mir selbst erdachte und einfache Bezifferungsform, die Lücken der gängigen Systeme schließen kann und soll.

Zunächst erhalten die Vorfahren eine Ziffer nach dem bekannten und recht einfachen System Kekule. Nun können die verwandten Personen weiter beziffert werden: Die Geschwister eines direkten Vorfahren erhalten die gleiche Nummer wie der in ihrer Reihe vorhandene Vorfahr – allerdings mit einem Buchstaben dahinter in der Reihenfolge der Geburt. Beispiel: Ihr Vater (die Nr. 2) ist das zweitgeborene Kind und hatte sowohl einen älteren Bruder (also Ihr Onkel) als auch eine jüngere Schwester (Ihre Tante). Diese Geschwister erhalten nun die Nummer 2 (weil Geschwister von Nr. 2), und als Ergänzung einen kleingeschriebenen Buchstaben: der Erstgeborene bekommt ein „a", der Vater hat schon eine eigene Nummer (weil direkte Linie), die Schwester bekommt die Nummer 2b. Jede Nummer mit einem Kleinbuchstaben dahinter symbolisiert folglich, dass es sich bei der jeweiligen Person um ein Geschwisterkind eines direkten Vorfahren handelt.

Hat man Kinder von Geschwistern in die Datei aufgenommen (z. B. aus der Ehe des älteren Bruders), so setzt man diese Reihe einfach fort: 2 a a, 2 a b, 2 a c, ... Die Kleinbuchstaben zeigen folglich immer Kinder einer Seitenlinie an. Auf diese Weise ist immer auf den ersten Blick ersichtlich, von wem eine Person abstammt und in der wievielten Generation. Ehegatten werden mit Großbuchstaben gekennzeichnet. 2aP ist folglich der Partner/ die Partnerin des Bruders von dem Vorfahren mit der Kennziffer 2.

Eine einheitlich gültige Form zum Beziffern aller Verwandten gibt es leider noch nicht, wohl aber einige Ansätze. Wer sich für dieses Thema interessiert, dem sei die Webseite http://www.genetalogie.de empfohlen.

Wo sind Sie geblieben? – Ahnenschwund oder Implex

„Wer noch keinen Implex in seinen Forschungsergebnissen hat, hat nur noch nicht lange genug gesucht.“ sagte ein erfahrener Forscherkollege zu mir, als mein Hobby noch in den Anfangsschuhen steckte, und er hatte Recht. Implex bedeutet, dass man irgendwann auf Vorfahren stößt, die man bereits erfasst hat. Man hat folglich Vorfahren mehrfach in seiner Ahnentafel, so dass die Anzahl der tatsächlich vorhandenen Vorfahren letztendlich niedriger ist als die rechnerisch mögliche Anzahl.

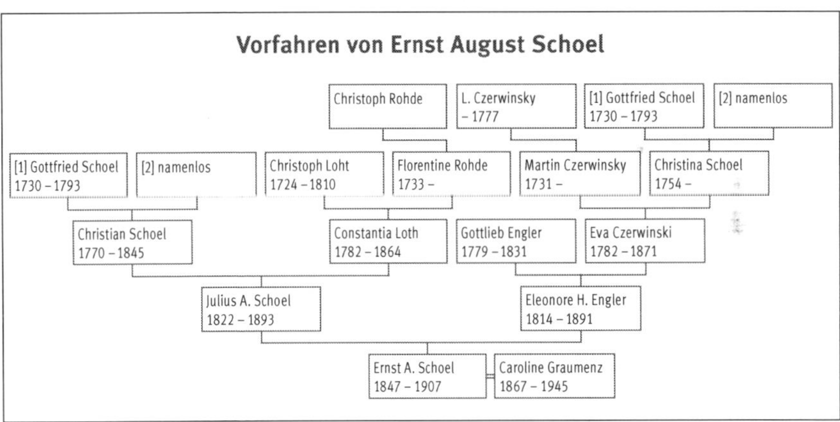

Auf der Abbildung oben sieht man einen solchen Ahnenschwund. Gottfried Schoel und seine namentlich nicht genannte Ehefrau sind an zwei Stellen die Vorfahren von Ernst A. Schoel. Die doppelt genannten Personen sind mit einer eckigen Klammer vor den Namen gekennzeichnet. In diesem Fall ist der Implex um eine Generation versetzt. Um genauer zu verstehen, wie ein solcher Implex zustande kommt, drehen wir bei der nächsten Abbildung die Ansicht um und zeigen die Nachkommen von Gottfried Schoel:

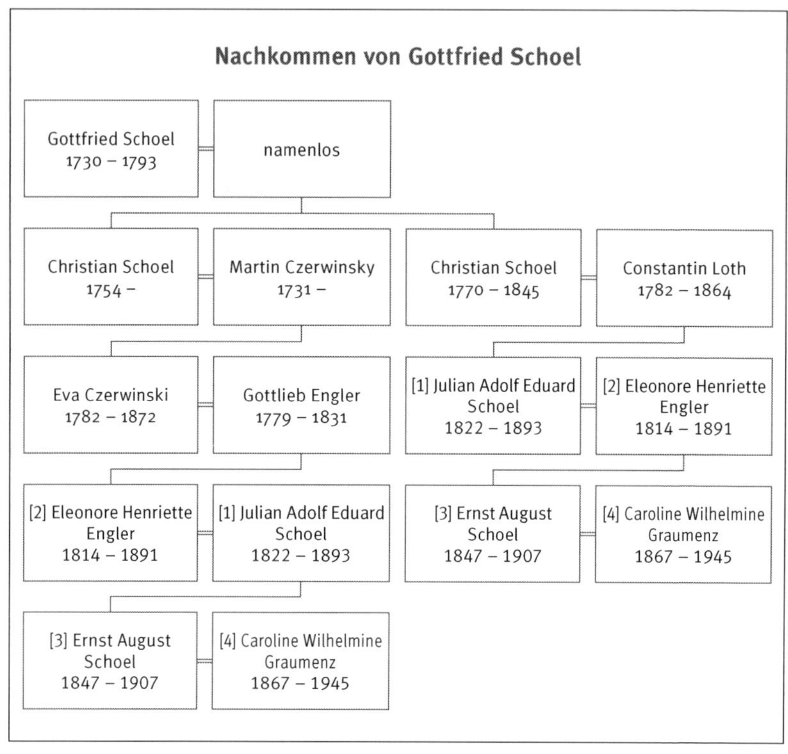

Hier erkennt man deutlich, dass eine Urenkelin und ein Enkel von Gottlieb untereinander geheiratet haben. Die Verwandtschaft liegt in den meisten Fällen soweit zurück, dass die Brautleute selbst es gar nicht wissen. Von Inzest kann daher nicht die Rede sein. Häufig anzutreffen ist ein Implex da, wo die Vorfahren sehr ortstreu waren.

Für den Familienforscher, der das erste Mal auf einen solchen Ahnenschwund trifft, ist es immer etwas ganz Besonderes und Kurioses. Tatsächlich aber ist ein Forschungsresultat ohne Implex eine seltene Ausnahme und sehr wahrscheinlich würde er sich dann bereits in der nächsten zu erforschenden Generation ergeben.

Alte Originale sicher verwahren

Sie gehören zu den glücklichen Besitzern von alten Originalurkunden und Fotos? Sicher möchten Sie diese gerne in Ihrem Genealogie-Ordner verwahren, um sie sich gelegentlich anzusehen oder um sie stolz vorzuzeigen. Zu diesem Gesicht also gehören bestimmte Lebensdaten. Mit jedem Foto eines Vorfahren wächst der Wert der „Sammlung“, weil der Mensch die meisten Informationen visuell aufnimmt. Hat man besonders viele sichtbare Belege für das Leben eines Vorfahren, umso mehr Gestalt nimmt er vor den Augen des Betrachters an. Lassen Sie die Sache mit den Klarsichthüllen lieber bleiben. In Klarsichthüllen aufbewahrt greifen Inhalte der Folie die kostbaren Stücke an und machen sie unleserlich. Die wertvollen Unikate werden so für immer zerstört.

Fotos sind Alterungsprozessen ausgesetzt und es bedarf einiger Vorsorge, um Familienfotos auch nachfolgenden Generationen zu erhalten. Sie sollten aus diesem Grunde von allen Originalurkunden und Fotos Kopien anfertigen (lassen), solange sie noch in gutem Zustand sind. Diese Kopien können Sie dann statt der Originale zeigen. Heften Sie die Kopien als Bereicherung ihrer Sammlung in den Forschungsordner zu den Familienstammblättern und bewahren Sie die Originale so auf, dass sie noch weitere Generationen überdauern können.

Viele Faktoren können zum Verfall beitragen:

Hohe Temperatur und hohe relative Luftfeuchtigkeit

Diese Faktoren sind für sich alleine schon schädlich, und zusammen richten sie bei den Fotos die größten Schäden an. Temperaturen über 21 Grad Celsius und relative Luftfeuchtigkeit über 60 % sollten über einen längeren Zeitraum vermieden werden. Originalfotos/-urkunden gehören daher weder auf den Dachboden noch in den Keller.

Rückstände von Chemikalien

Schädliche Chemikalien bleiben auf den Fotos zurück, wenn sie nicht sorgfältig bearbeitet werden. Sie sollten daher Ihren Film nur von Fachleuten entwickeln lassen.

Luftverschmutzung

Dämpfe von Farben und Lacken, Reinigungsmittel, Tabakrauch, Autoabgase, salzhaltige Meeresluft und Staub sind die wesentlichen Schmutzanteile in der Luft. Originalunterlagen sollten vor derartig verschmutzter Luft geschützt werden. Sie sollten daher Ihre Bilder nicht in Abstellräumen oder Schränken aufbewahren, in denen Sie auch Reinigungsmittel aufbewahren. In frisch gestrichenen Räumen sollten mindestens einen Monat lang keine Bilder aufbewahrt werden. Latexfarben haben keinen schädlichen Einfluss.

Film auf Nitratbasis

Diese Art der Filmbasis war Anfang des 20. Jahrhunderts verbreitet. Nitrat ist relativ instabil und zersetzt sich schnell. Beim Zersetzungsprozess werden Gase wie Stickstoffmonoxide und Stickstoffdioxid freigesetzt. Diese Nebenprodukte des Zersetzungsprozesses beschleunigen wiederum den Zerfallsprozess und beeinträchtigen auch andere Negative und Fotos, die deshalb nicht in der Nähe gelagert sein sollten. Nach Möglichkeit sollten Sie Bilder auf Nitratbasis auf einen neuen, sicheren Film kopieren lassen. Auf jeden Fall aber sollten Fotos auf Nitratbasis getrennt von anderen Fotos gelagert werden.

UV-Strahlen

Direktes Sonnenlicht und Leuchtstoffröhren können Fotos stark beschädigen. Das gilt besonders für die Färbung bei Farbfotos, die rasch verblasst, wenn die Fotos Licht ausgesetzt sind. Alle Arten von Fotos sollten nicht für längere Zeit direktem Sonnenlicht ausgesetzt werden, und bei Leuchtstoffröhren sollten UV-Filter verwendet werden. Herkömmliche Glühbirnen sind in diesem Zusammenhang zu bevorzugen.

Falsche Handhabung

Oft werden Fotos auch durch falsche Handhabung beschädigt. Die obere Schicht sollte nicht berührt werden. Selbstverständlich sollten die Fotos auch nicht verbogen, geschnitten oder zerkratzt werden. Gewöhnliche Haushaltsstoffe wie Tinte, Heft- und Büroklammern, Klebstoff und Klebeband können ebenfalls Schaden anrichten, da auch diese Produkte Stoffe enthalten, die für Fotos schädlich sind.

Daraus ergibt sich folgende Empfehlung:
Die richtige Lagerung wird die Haltbarkeit Ihrer Fotos und Urkunden verlängern. Die Umgebung des Lagerortes spielt eine große Rolle. Hitze, relative Luftfeuchtigkeit, Licht und Luftverschmutzungen sollten auf einem Minimum gehalten werden. Die beiden Orte, an denen Fotos am häufigsten gelagert werden, Dachböden und Keller, sind also weit davon entfernt, ideale Bedingungen zu bieten.

Bei der Aufbewahrung von Abzügen und Negativen sollten diese niemals direkten Kontakt miteinander haben. Abzüge und Negative können leicht zusammenkleben. Außerdem kann bereits ein einziger Abzug, auf dem Entwicklungschemikalien zurückgeblieben sind, die umgebenden Abzüge beschädigen. Jeder Abzug sollte in einer separaten Papierhülle oder Plastikhülle gelagert werden. Ironischerweise werden massenproduzierte Fotoalben aus Materialien hergestellt, die für Fotos schädlich sind. Alben sind nur dann ein sicherer Aufbewahrungsort, wenn sie aus den richtigen Materialien bestehen.

Bei Schwarzweißfotos sind getönte Abzüge meist stabiler. Das Tönungsverfahren wandelt das metallische Silber des Bildes in eine Form um, die widerstandsfähiger gegen Oxide ist. Die Tönung findet während der Entwicklung statt, danach hat das Foto einen bräunlichen oder lilafarbenen Ton. Dieses Verfahren wird für alte Fotos nicht empfohlen.

Am besten ist ein Schuhkarton mit Deckel, in dem alles lichtgeschützt aufbewahrt werden kann. Suchen Sie dafür einen trockenen Aufbewahrungsort (nicht der Keller) ohne große Temperaturschwankungen (Dachboden) und ohne schädliche Einflüsse wie Tabakqualm und Putz- und Reinigungsmittel, dann hat auch Ihr Urenkel noch Freude daran.

TIPP Wenn Sie neue Fotos in Ihre Sammlung aufnehmen, dann legen Sie gleich eine Karteikarte dazu an, auf der Sie genau notieren, wann Sie das Foto erhielten und von wem, was genau darauf zu sehen ist und von wann die Aufnahme stammt. Sie selbst mögen in diesem Moment die Details zum Foto im Kopf haben, aber wenn Sie die Forschungsergebnisse irgendwann weiterreichen, weiß niemand mehr, was auf den Fotos dargestellt wird und somit sind sie wertlos.

Datensicherung
Familienforscher tragen mit viel Mühe, Zeit- und Geldaufwand Informationen zusammen. Mögen Sie sich einen Moment lang vorstellen wie Sie sich fühlen würden, wenn die Forschungsergebnisse für immer verloren gehen? Ihre Antwort lautet sicherlich: „NEIN“.

Sicherlich will niemand den Teufel an die Wand malen, aber die Möglichkeit, die Ergebnisse jahrelanger kostenintensiver Arbeit zu verlieren ist immer gegeben. Sie sollten einen solchen Verlust unbedingt vermeiden.

Neu ist dieses Thema nicht – trotzdem wird es chronisch vernachlässigt: Datensicherung haben bereits die Kirchenmitarbeiter vor Jahrhunderten betrieben, als sie von Kirchenbüchern Zweitschriften anfertigten, um diese an einem möglichst entfernten und sicheren Lagerort unterzubringen. Mit der Verwaltung der Informationen im Computer hat sich zwar das Auswerten der Daten selbst sehr vereinfacht – die Möglichkeiten des Datenverlustes aber haben sich seither multipliziert.

Welche Risiken bedrohen nun Ihre Datenbestände:

1) Höhere Gewalt (Gasexplosion, Erdbeben, Wohnungsbrand, Überschwemmung, ...),

2) Kriminalität (Wohnungseinbruch, Computer weg, CDs weg, Vandalismus, Computerviren),
3) Hardwarefehler (Festplattencrash),
4) Softwarefehler (Fehler im Programm),
5) Eingabefehler („diesen Zweig wirklich löschen?“)

Zu 1) und 2) Die Hausratversicherung erstattet Ihnen höchstens den Gegenwert des verloren gegangenen Computers, nicht aber das Geld, das Sie in die Forschung gesteckt haben.
Zu 3) Festplatten, auf denen Ihre Daten liegen, gehen wirklich irgendwann plötzlich kaputt, und dann meist richtig. Alle darauf gespeicherten Informationen sind dann für immer verloren oder man muss sich ein teures Programm kaufen um einen Rettungsversuch zu unternehmen!
Zu 4) Keine Software der Welt ist fehlerfrei, höchstens fehlerarm.
Zu 5) Jeder hat mal einen schlechten Tag, an dem ihm Fehler unterlaufen können.

Und um das noch mal deutlich zu machen, es betrifft nicht allein Ihre genealogischen Familiendaten, sondern auch alle anderen wichtigen Dateien auf Ihrem Rechner!
Geschäftsleute sind zu einer aufwendigen Datensicherung gezwungen – ein Datenverlust kann in den Ruin treiben. Die Familienforscher können von deren Erfahrungen profitieren wenn es darum geht, die Forschungsergebnisse möglichst zuverlässig zu sichern.

Zunächst: Datensicherung bedeutet, eine Kopie der wichtigen Daten anzulegen. Sicherungskopien werden oft auch *Backups* oder *Safety-Copies* genannt. Gespeichert werden diese Kopien möglichst auf einem externen Speichermedium.

Welches Speichermedium sollte ich nutzen?

Eine Sicherungskopie können Sie speichern auf Diskette, CD, DVD, in einem Verzeichnis auf derselben Festplatte, einer zweiten eingebauten oder externen Festplatte, online oder auf einem Memorystick.

Disketten

Noch immer nutzen einige Familienforscher dieses Medium, Disketten sind aber nicht mehr Stand der Technik. Viele neuere Rechner haben bereits kein Disketten-Laufwerk mehr. Dadurch wird auch der Datenaustausch per Diskette zum Glücksspiel. Große Familiendateien benötigen zum Abspeichern eine große Anzahl von Disketten, der Zeitaufwand ist nicht unerheblich. Disketten sind sehr störanfällig. Wenn nur eine einzige Diskette der Familiendatei nicht mehr lesbar ist, kann die ganze Datei nicht mehr erstellt werden.

CD oder DVD

Um auf CD zu sichern, benötigen Sie einen CD-Brenner. CD-ROMs und DVDs lassen sich fortschreiben, d. h., Sie können später neue Daten zufügen und brauchen nicht für jede Sicherung einen neuen Rohling. Lesen Sie hierzu bitte die Gebrauchsanweisung zu Ihrer Brennersoftware. CD-Roms und DVDs können verkratzt nur noch bedingt gelesen werden, durch vorsichtige Handhabung ist dies aber vermeidbar.

Festplatte

In einem anderen Verzeichnis auf derselben Festplatte wie die Originaldatei hat die Sicherungsdatei am wenigsten verloren. Im Falle einer defekten Festplatte haben Sie sowohl Original-Datei als auch Sicherungskopie verloren. Auf einer zweiten oder externen Festplatte ist die Sicherungskopie besser aufgehoben – die Wahrscheinlichkeit, dass zwei Festplatten gleichzeitig defekt sind, ist nicht sehr hoch. Ein Schaden, der den ganzen Computer betrifft, zerstört allerdings beide internen Festplatten. Aus diesen Gründen ist nur eine externe Festplatte wirklich empfehlenswert.

Memorystick

Leider sind die zarten und bequemen Datenträger leicht zu zerstören – mitsamt aller Daten. Das empfohlene Vorgehen, mehrere Familiendateien in zeitlichen Abfolgen zu sichern, überfordert das Fassungsvermögen des USB-Sticks.

Online

Wenn Sie über eigenen Speicherplatz im Internet verfügen, ist die Familiendatei dort wahrscheinlich sicher wie in Abrahams Schoß. Denken Sie aber auch hier daran, immer mehrere Generationen von Sicherungen zu speichern (siehe weiter unten).

Doch nicht nur die Entscheidung für das richtige Speichermedium ist wichtig, sondern auch das Vorgehen.

Einige PC-Anwender sind der Meinung, dass eine Sicherungskopie ausreicht und überschreiben ihre Sicherung immer wieder mit der neuesten Fassung der Familiendatei. Dies kann sich unter Umständen als falsche Entscheidung herausstellen, nämlich dann, wenn sich in die letzte Sicherungskopie bereits ein Fehler eingeschlichen hat, der erst später bemerkt wird. Aus diesem Grund sollte man immer mehrere Sicherungskopien aufbewahren. Im Notfall kann man nun zeitlich immer weiter zurückgehen, bis man zu einer Sicherungskopie kommt, die einwandfrei ist. Man muss nun zwar meist die zuletzt eingegebenen Daten wieder ersetzen, doch das ist nicht so schlimm wie alles zu verlieren.

Nach jeder Sitzung, in der Sie Daten verändert haben, sollten Sie eine Sicherungskopie erstellen. Geben Sie der Sicherungsdatei einen Namen mit aktuellem Datum (Beispiel: familiendatei_dez2007.ged).

Wenn Sie vollkommen sicher gehen wollen, erstellen Sie jede Sicherung sogar zweimal. Sicherung 1 speichern Sie beispielsweise auf einer externen Festplatte, Sicherung 2 auf CD. Die Festplatte ist nun Ihre Sicherungsplattform für zuhause, die CD nehmen Sie mit zur Arbeit oder geben sie irgendwo außer Haus zur Aufbewahrung. Nun kann auch ein Hausbrand oder eine Überflutung diesen Daten nichts anhaben.

Sie sollten mindestens drei Sicherungsgenerationen (empfohlen werden von Fachleuten sogar zehn!) nacheinander anlegen, ohne die alte Sicherung zu löschen! Beschriften der CD nicht vergessen. Sie sollten sich überlegen, eine wieder beschreibbare CD-ROM als Medium zur Sicherung einzusetzen. Machen Sie gelegentlich so genannte *Recovery*-Übungen, um festzustellen, ob auch wirklich alles „an Bord" der Sicherungsdatenträger ist (Familiendatei, Ordner mit eingescannten Urkunden und Fotos, …).

Bevor Sie Ihr Genealogieprogramm auf den neusten Stand bringen („upgraden"), vergewissern Sie sich, dass Ihre Datenbanken gesichert sind und werfen Sie niemals Ihre alte Softwareversion weg. Wenn die neue Version die Datenbankstruktur so verändert, dass Sie mit der alten Version nicht mehr lesbar ist, testen Sie die neue Version erst ausgiebig, bevor Sie sie endgültig einsetzen. Die letzte Sicherung der Datenbank, die mit der alten Version bearbeitet wurde, heben Sie besonders gut auf.

Bedenken Sie auf jeden Fall: Auch CDs und Festplatten werden älter und somit anfälliger! Nach einem gewissen Zeitraum sollten Sie neue wiederbeschreibbare CDs verwenden und die alten nach und nach ausmustern.

Wenn die Sicherungsdatei gebraucht wird...
Im Falle eines *Computer-Crash* gilt insbesondere im Fall vom Schäden, die durch Fehlbedienung oder Programmprobleme hervorgerufen wurden: Nie eine Sicherungkopie direkt mit dem (vielleicht fehlerhaften) Programm öffnen. Es besteht die Gefahr, dass sich der „Crash" wiederholt, jetzt aber mit der Sicherungsdatei, und damit ist diese auch noch weg.
Erstellen Sie eine Kopie der letzten Sicherungsdatei und öffnen Sie nur die Kopie. Grundregel: Sicherungsdateien niemals öffnen – sie sind immer „Read-Only".

Vieles, was hier aufgeführt ist, mag Ihnen übertrieben erscheinen. Letztendlich müssen Sie selber wissen, wie wichtig Ihnen Ihr Hobby ist. Aber eines ist sicher:
Nur mit regelmäßiger Datensicherung („Backup") zu arbeiten, ist professionell. Im Ernstfall droht

- Unternehmen mit EDV, die unzureichende Datensicherung betreiben, der Konkurs.
- Computer-Genealogen, die Ihre Stammbaumdatenbank nicht sichern, das Ende Ihres Hobbies.

Und nicht vergessen: zusätzlichen Schutz bringt das Deponieren einer aktuellen Sicherungsdatei auf CD oder DVD an einem Ort außerhalb des eigenen Hauses, z. B. am Arbeitsplatz, bei den Eltern/Kindern oder in einem Schließfach bei der Bank.

Was ein Genealogieprogramm können sollte...

Viel Lehrgeld muss meist zahlen, wer ein Geschäft betritt und sich ein Programm zum Verwalten seiner Ahnen kauft, weil es das einzige im Regal ist. Und ebensoviel Lehrgeld zahlt, wer seine Forscherkollegen fragt: „Welches Programm soll ich mir kaufen?“. Und trotzdem kennt jeder Familienforscher diese Frage von Anfängern und antwortet, wenn er ehrlich ist, immer nur mit Einschränkung. Denn was für Herrn Müller gut ist, muss es für Herrn Meier noch lange nicht sein. Die Programme auf dem deutschen Markt sind so verschieden wie die Bedürfnisse der Forscher, die damit arbeiten. So unterschiedlich die Programme auch sind, so hat doch jedes einzelne Programm seinen Kundenkreis – sonst würde es dieses Programm nicht geben. Und fast jeder Forscher wird sein Programm anpreisen und für das Beste erklären – auch wenn der Forscherkollege vielleicht ganz andere Bedürfnisse hat.

Aber genau hier liegt das Problem: Der Anfänger hat noch gar keine Ahnung, was für ihn ganz individuell an einem Genealogieprogramm wichtig ist. Er weiß weder, was ein Programm grundsätzlich bieten sollte, noch welche ganz speziellen Wünsche er selbst im Laufe der Forschungen entwickelt. Das Wissen darum, was man selbst von seinem Programm erwartet, stellt sich erst mit der Zeit ein.

Um Ihnen die Entscheidung zu erleichtern, möchte ich Sie im folgenden Artikel durch die Möglichkeiten eines Genealogieprogramms führen und Ihnen dabei einige Programme vorstellen. Wir schauen uns die verschiedenen Arbeitsbereiche an und ich zeige Ihnen anhand von Beispielen, wie unterschiedlich die Arbeitsweisen sein können. Um es gleich vorweg zu nehmen – selbst wenn der Eindruck entstehen sollte, wird hier kein einziges Beispiel als Warnung oder schlechtes Beispiel stehen. Denn selbst wenn ein Programm weniger ausgefeilt arbeitet, ist dies für manchen Forscher vielleicht genau das, was er sucht.

Die meisten Familienforscher haben ein Grundprogramm, in das sie die Daten eingeben und mit dem sie die Datei pflegen und weitere (oft kostenlose) Programme, um deren Ausgaben zu nutzen.

Allein dieser Umstand beweist, dass kaum ein Programm alle Anwenderwünsche abdecken kann. Die Kunst besteht am Ende darin, die Software so zu kombinieren, dass die Vorteile der genutzten Programme sich ergänzen und die Nachteile sich ausgleichen.

Schritt 1: Forscherprofil erstellen

Auf der Suche nach einem geeigneten Genealogieprogramm greift man gerne zu einer Zeitschrift, in der alle Programme miteinander verglichen und wie bei der Stiftung Warentest bewertet werden: „Welches Programm ist das Beste?" Es gab in der Vergangenheit in einigen PC-Zeitschriften Vergleiche einer Handvoll Genealogieprogramme – doch sollten Sie solchen Tests gegenüber skeptisch sein. Schon die getroffene Auswahl der getesteten Programme schließt ja die größere Anzahl an Genealogieprogrammen aus. Wie aussagekräftig aber ist ein Test, wenn er nur eine kleine Auswahl trifft und über die vielleicht interessantesten Programme gar nichts aussagt? Viel wichtiger ist aber noch: Niemand kann bewerten, welches Programm zu Ihnen und Ihren ganz individuellen Bedürfnissen passt. Herr Müller bewertet ein Programm danach, für wie viele Details Eingabefelder vorhanden sind. Herrn Meier ist das aber völlig egal – er möchte gar nicht wissen, wie seine Vorfahren im Detail lebten, sondern nur für die Oma zum 80. Geburtstag eine schön anzusehende Ahnentafel ausdrucken. Ihn interessiert nur, wann die Vorfahren geboren wurden, heirateten und gestorben sind. Herr Schneider wiederum hat viel Zeit und viel Spaß an diesem Hobby und möchte alle Personen eines Ortes erfassen und miteinander in Zusammenhang bringen.

Versuchen Sie sich daher vor Beginn der Suche nach einem Programm zunächst darüber klar zu werden, wie Ihre ganz individuellen Forschungsschwerpunkte aussehen:

Möchten Sie ganz einfach ein paar Vorfahren sammeln und in hübschen Ausgaben ausdrucken? Dann brauchen Sie keine hochkomplizierte Datenverwaltung, sondern ein leicht bedienbares, einfaches Programm mit grafischen Ausgabemöglichkeiten.

Interessiert Sie dieses neue Hobby so sehr, dass Sie sich schon jetzt vorstellen können, viel Zeit damit zu verbringen? Möchten Sie viele Informationen zusammentragen, sich mit anderen Forschern weltweit über das Internet austauschen und die Forschungsergebnisse mit Quellenangaben und Fotos detailliert anhand von Listen und Tafeln ausgeben können? Dann haben Sie schon einige Anforderungen an das Programm, die Sie mit Hilfe dieses Artikels präzisieren können.

Möchten Sie vielleicht sogar ein ganzes Kirchspiel erfassen, alle Namensvettern sammeln oder Ortsfamilienbücher drucken? Dann ist die Auswahl schon recht klein, denn nur wenige Programme sind bei so extrem großen Datenmengen – fern aller Theorie – noch arbeitsfähig oder bieten die entsprechenden Ausgabefunktionen an. Ein solches Programm würde ich erst dann suchen, wenn bereits Daten gesammelt wurden und man eine ganz konkrete Vorstellung davon hat, wie die Ausgaben und die Datenverwaltung arbeiten sollen.

Mit der Einschätzung der eigenen Forschungsziele und Interessen haben Sie bereits eine erste Auswahl getroffen und müssen sich nur noch die Programme näher ansehen, die diesem Profil entgegenkommen.

Schritt 2: Die unterschiedlichen Anforderungen an ein Programm

Nachdem Sie Ihre Interessen näher eingegrenzt haben, sollten Sie sich zunächst mit den grundsätzlichen Möglichkeiten auseinander setzen, die ein Programm bieten kann. Es ist wichtig zu wissen, was in den einzelnen Bereichen derzeit technisch möglich ist und was einzelne Programme in den verschiedenen Arbeitsbereichen leisten können.

Nur eines sollte nie als zuverlässiges Kriterium für die Qualität eines Programms angesehen werden: der Preis eines Produktes. Sie werden bei der Beschäftigung mit den Genealogieprogrammen feststellen, dass der Preis über die Leistung eines Programms nichts aussagt. Sie können für wenig Geld oder gar kostenfrei im Internet ein leistungsfähiges Produkt finden, das Ihre Wünsche zu 90 % abdeckt (100 % gibt es nie), und ebenso gut ein sehr teures Produkt erwerben das dann hinterher im Regal einstaubt.

Kostenlose Genealogieprogramme

Ahnenblatt – *http://www.ahnenblatt.de*
Familienbande – *http://www. familienbande-genealogie.de*
Family Tree Builder – *http://www.myheritage.com*
Geneweb – *http://cristal.inria.fr/~ddr/GeneWeb/de/index.html*
Genea – *http://de.genea.at*
GenealogyJ – *http://genj.sourceforge.net/wiki/doku.php*
Legacy Family Tree (Basis Version) – *http://www.legacydeutsch.com*
PAF – *http://www.familysearch.org*
PC-Ahnen – *http://www.pcahnen.de*
PHPGedView – *http://www.phpgedview.net/de*

Doch worauf sollte man bei einem Genealogieprogramm achten? Was kann wichtig sein für die Entscheidung?

Systemvoraussetzungen und Betriebssystem

Das Wichtigste: Das Programm muss auf Ihrem PC lauffähig sein. Die moderneren Rechner sind alle mit ausreichend Festplatten- und Arbeitsspeicher und schnellen Prozessoren ausgestattet. Doch wer einen etwas älteren Rechner sein eigen nennt, sollte unbedingt darauf achten, welche Systemvoraussetzungen gegeben sein müssen. Darüber hinaus muss natürlich das Betriebssystem passen. Wenn ein Programm unter Windows läuft, muss man auf die Versionen achten. Nicht alle Programme vertragen sich schon mit Windows Vista und nicht alle Programme laufen noch unter Windows 95. Es gibt tatsächlich noch DOS-Programme auf dem Markt, die nach wie vor Anwender haben und auch noch neue Anwender finden. Diese zu installieren und mit Ihnen zu arbeiten erfordert unter Umständen Fachwissen. Achten Sie daher darauf, dass das Betriebssystem und die Systemvoraussetzungen zu Ihrem PC passen.

Programmbasis

Je nach Zeitpunkt der Programmierung und Vorlieben der Entwickler ist die Basis eines Genealogieprogramms hochmodern oder schon uralt und technisch überholt. Als Laie weiß man nicht, wie ein Programm programmiert wurde. Trotzdem können die Arbeitsweisen der verschiedenen Programme stark unterschiedlich sein, was sich auf die Dateneingabe, die Navigation und die Verarbeitung der Ausgaben auswirkt. Vor allem etwas ältere Programme wurden immer wieder und wieder um Funktionen ergänzt ohne eine Generalüberholung zu erfahren und werden dadurch irgendwann unübersichtlich und schwer bedienbar. Trotzdem können Sie für bestimmte Anwendergruppen genau das Richtige sein, wenn sie vielleicht auf Grund der langen Entwicklungszeit und einer engen Zusammenarbeit zwischen Anwendern und Entwickler bestimmte Funktionen anbieten. Dies ist der Grund, weshalb sich technisch längst überholte Genealogieprogramme durchaus auf dem Markt halten können.

Komme ich mit einem älteren Programm zurecht, wenn es sich beispielsweise nur mit der Tastatur bedienen lässt? Je älter ein Programm, umso eher sind genealogisch ausgefeilte Funktionen zu erwarten, aber umso umständlicher ist es meist auch zu bedienen.

Installation

Für den Laien sind drei verschiedene Varianten erkennbar. Es gibt Programme, die man nicht installieren muss, um mit Ihnen zu arbeiten. Sie verändern keine Einträge in der Registry von Windows und können aus dem Grund nicht den mindesten Schaden anrichten. Andere muss man installieren und kann sich den Zielpfad selbst aussuchen. Ältere Programme installieren sich selbstständig in einen Ordner auf Laufwerk C, und wenn man diesen Pfad verändert, läuft das ganze Programm nicht mehr. Da jeder eine eigene Einstellung zu seiner Festplatte hat, kann allein die Art der Installation ein Kriterium für die Auswahl sein.

Soll das Programm leicht zu installieren sein? Grundsätzlich gilt auch hier: Je moderner (also jünger) ein Programm ist, umso eher lässt es sich leicht und ohne Umstände installieren.

WICHTIG Jedes Genealogieprogramm basiert auf einem Grundprinzip: Für jede Person, die Sie eingeben, wird in einem Karteikasten „Personen" virtuell eine Karteikarte mit allen Informationen zu dieser Person angelegt. Da mehrere Personen eine Familie ergeben, merkt sich das Programm, zwischen welchen Karteikarten eine Verbindung besteht. Wenn eine Person in Ihrem Datenbestand zwei Mal vorkommt (Implex), so dürfen Sie keine zweite Karteikarte anlegen. Für das Programm ist es dann immer eine neue Person. Richtig: die bereits vorhandene Person erneut verknüpfen. Nur so kann das Programm auch komplizierte Familienverhältnisse nachvollziehen. Wie das mit Ihrem Programm funktioniert, entnehmen Sie bitte dem Handbuch zur Software.

Die Bedienung

Ein Programm, in das man nur umständlich Daten eingeben kann, muss andere Stärken haben, um nicht aus der Gruppe in Frage kommender Programme heraus zu fallen. Doch zwischen optimal und kompliziert gibt es viele Abstufungen. Die Grenze dessen, was man an Umständlichkeiten auf sich zu nehmen bereit ist, ist sehr individuell.

Insbesondere geht es hier um die Dateneingabe und darum, wie man mit verschiedenen Programmen den Überblick über die nahe Verwandtschaft und alle eingegebenen Informationen behält (Navigation). Diese Punkte sind ganz entscheidend für die Zeit, die Sie mit dem Programm verbringen müssen und wie schnell man die Lust daran verliert, Daten detailliert und dokumentiert einzugeben.

Die Navigation

Die Navigationsfähigkeit ist vergleichbar mit dem Flur einer Wohnung. Sie ist die Verbindung zwischen vielen verschiedenen Räumen. Man kann einen Flur weit und offen gestalten, so dass man in jeden Raum hineinblicken kann, oder eng und verwinkelt mit der Notwendigkeit jedes Mal eine Tür zu öffnen, wenn man in ein Zimmer hinein sehen möchte. Bei der Wohnungsbesichtigung hat man beim Betreten des engen Flures vielleicht noch gedacht: „Das macht nichts." Doch wenn man später mehrfach am Tag diesen schmalen und verwinkelten Flur hin- und herlaufen und immer wieder neue Türen öffnen und schließen muss stellt man fest, dass ein großzügiger Flur doch eine sehr zeitsparende Angelegenheit ist.

Zurück zum Genealogieprogramm: Die nahen Verwandten sollten immer nur einen Klick entfernt sein. Das ist ein sehr wichtiger Punkt, denn wenn man einen neuen Kirchenbucheintrag gefunden hat, ergeben sich daraus oft nicht nur Informationen zu dieser einen Person, sondern auch zu den Eltern und möglicherweise Geschwistern oder Kindern. Jedes Programm sollte einen schnell erreichbaren Personenindex haben – doch um schnell Daten innerhalb naher Verwandter einzugeben, reicht das nicht aus. Die

Eingabeseiten der nahen Verwandten sollten also immer in Reichweite sein, ohne lange suchen zu müssen.

„Family Tree Maker", ein Programm aus den USA, löst das Problem wie in der Abbildung zu sehen. Man vereint hier mehrere Ansichten, die bei den meisten Programmen getrennt von einander aufzurufen sind. Dadurch erreicht man einen großen Überblick und kann besonders schnell arbeiten. Links auf dem Bildschirm ist der Personenindex. Alle bisher eingegebenen Personen sind hier aufgelistet. Ein Klick auf einen Namen bewirkt, dass sofort Familie und Personendaten zu dieser Person angezeigt werden. In der Mitte oben ist eine navigierbare Vorfahrenübersicht. Auch hier bewirkt der Klick auf einen Namen, dass die Familien- und Personendaten zu dieser Person zum Bearbeiten oder Ergänzen aufgerufen werden. In der Bildmitte sind die Ehepartner abzulesen und darunter die Kinder aus der jeweiligen Ehe. Am rechten Bildschirmrand schließlich sind

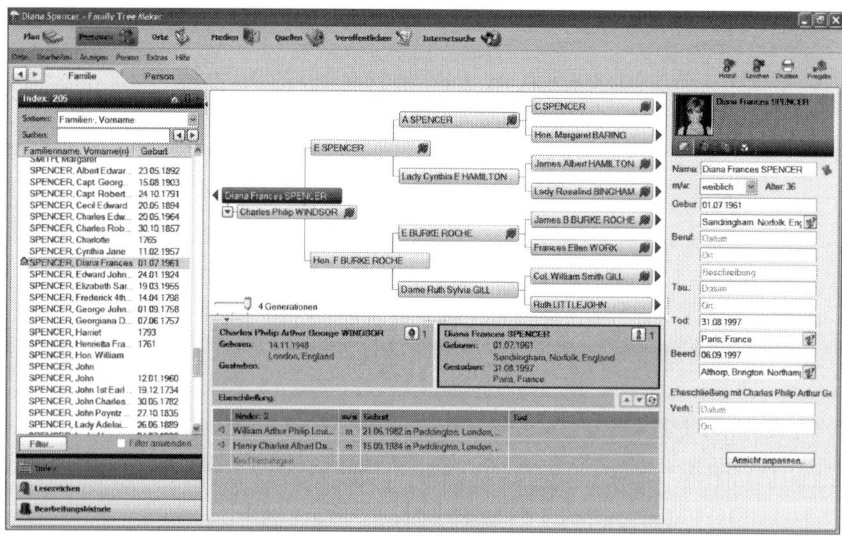

Der Hauptbildschirm von Family Tree Maker 2008.

Informationsfelder zur Person selbst. Welche Informationsfelder der Anwender hier angezeigt haben möchte, kann er selbst einstellen. Da der Platz für die Standarddaten ausreicht, können fast alle Eingaben gleich hier erfolgen. Für weitergehende Informationen zu den einzelnen Personen öffnet man die eigentliche Personenansicht.

Völlig anders arbeitet in dieser Hinsicht beispielsweise das noch recht neue Programm „Ghome". Hier sind es drei textbasierte Bildschirme, die den Anwender dirigieren. Eine Namensliste zeigt alle Nachnamen der eingegebenen Personen an, das Anklicken eines Nachnamens öffnet dann die Liste aller Personen, die diesen Nachnamen tragen. Klickt man nun hier den Namen einer Person an, öffnet sich die entsprechende Stammtafel, das ist eine Familienansicht. Auf dieser Stammtafel findet man alle Informationen wieder, die zu den Personen eingegeben wurden: Vater, Mutter und Kinder. Da sich die Namenslisten nicht schließen, greift man auf diese

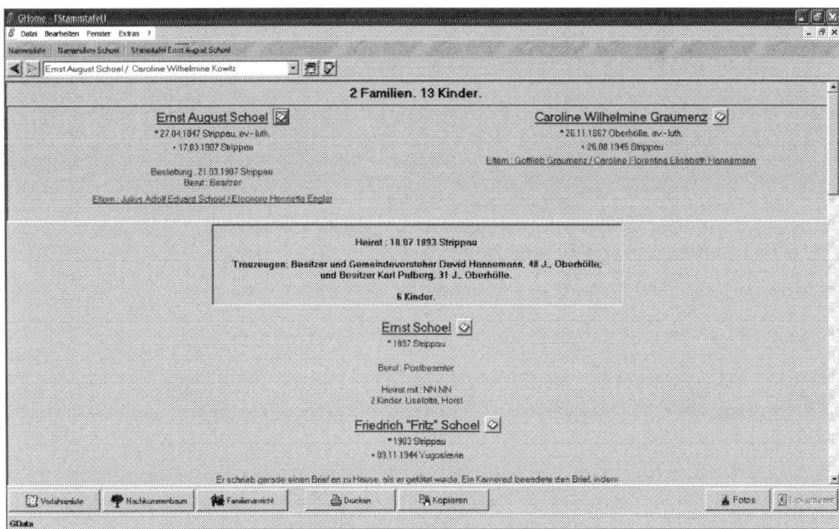

GHome navigiert textbasiert durch den Datenbestand.

immer dann zurück, wenn man die Familie wechseln möchte. Ein kleines Symbol hinter den Namen führt zur Dateneingabe.

Eine dritte Variante zeigt „Legacy". Hier sind auf dem Hauptbildschirm drei Generationen abgebildet, so dass man bei der Dateneingabe schnell zu den Familienangehörigen springen kann. Die weiteren Vor- und Nachfahren erreicht man schnell über Kartenreiter.

Sie erkennen, wie verschieden die einzelnen Programme diese Aufgabe lösen. Die vorgestellten Programme stehen dabei für die Lösungen, die einfach zu handhaben sind. Es gibt auch Programme, die diesbezüglich um einiges komplizierter arbeiten. Perfekt arbeitet ein Programm, bei dem auch die auf dem Bildschirm angezeigten Grafiken und Listen voll navigationsfähig sind. Das bedeutet, dass Sie nach dem Erstellen einer Tafel durch den Doppelklick

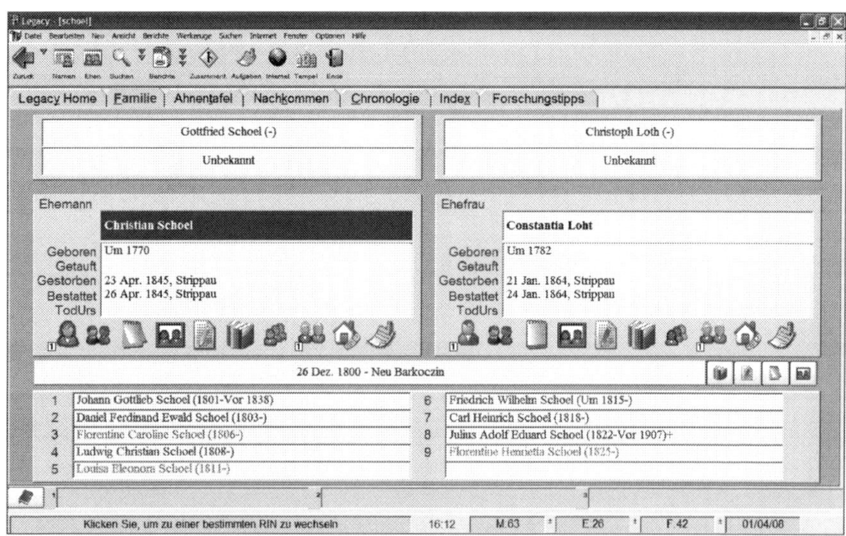

Legacy bildet drei Generationen ab.

auf eine dargestellte Person die entsprechende Personenmaske öffnen können, um Änderungen vornehmen zu können.
Achten Sie auf eine möglichst gute Navigation: Sind die Eingabeseiten zu nahen Verwandten im direkten Zugriff? Sind die Ausgaben navigationsfähig?

Dateneingabe

Eine weitere wichtige Frage: Wie viele neue Fenster muss ich öffnen, um alle Informationen einzugeben? Lassen sich direkt von der Eingabemaske aus Quellen angeben und Fotos einbinden? Eine Information ohne Quellenangabe ist nur für Sie allein interessant. Wenn Sie sich mit Forscherkollegen austauschen oder die Forschungsergebnisse an nachfolgende Generationen weitergeben wollen, sollten Sie grundsätzlich festhalten, woher die jeweilige Information stammt. Ein Programm, bei dem man nicht zumindest Fotos zu einzelnen Personen abspeichern kann, ist nicht mehr auf dem Stand der derzeitigen Anforderungen.

Kontrollieren Sie: Wie lange dauert es, alle Informationen zu einer Person einzugeben? Kann ich Quellen eingeben? Lassen sich Medien (zumindest Bilder) verknüpfen?

Eingabefelder

Manche Forscher vertreten die Meinung, dass ein Programm nur dann gut ist, wenn jeder noch so nebensächliche Fakt in einem eigenen Feld untergebracht werden kann. Aber es macht nicht in jedem Fall Sinn. Einige Programme bieten Felder für alle Informationen, die das *Gedcomformat* übertragen kann. Andere geben dem Anwender die Möglichkeit darüber hinaus sogar noch weitere, eigene Faktenfelder anzulegen. Und dann gibt es diejenigen, die nur Felder für das Allernotwendigste anbieten: Geburt, Taufe, Hochzeit, Tod, Beerdigung und Beruf. Für weitere Informationen gibt es ein Notizfeld.

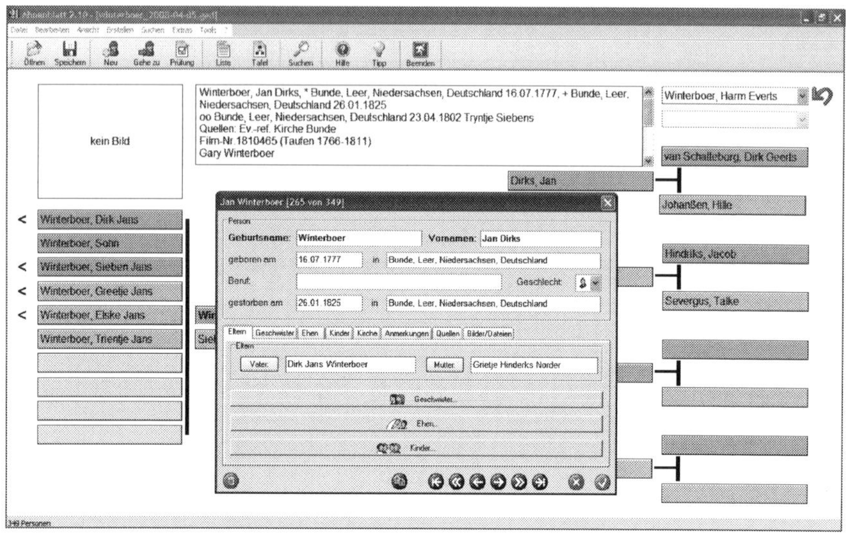

Das Programm „Ahnenblatt" beweist, dass es auch ohne viele Informationsfelder geht.

Überlegen Sie, ob in Ihrem Fall viele Felder wichtig sind. Selbst angelegte Informationsfelder haben einen entscheidenden Nachteil: Sie gehören nicht zum Gedcom-Standard. Ihr Programm wird zwar mit Sicherheit diese Fakten in die Gedcom-Datei schreiben, aber kaum ein anderes Programm wird sie einlesen können (bitte lesen hierzu die ausführliche Erklärung im Abschnitt Import-/Exportfunktionen). Darüber hinaus kostet es Zeit, zu jedem erforschten Detail das entsprechende Informationsfeld aufzurufen. Dass der Großonkel damals in die USA ausgewandert ist, kann man sehr viel schneller im Notizfeld festhalten und auch noch weitere Details auf diese Weise in Textform hinzufügen, z. B. wie das Schiff hieß, wann er ankam, wo er sich niederließ. Programme wie „Ghome" oder Ahnenblatt zeigen die Texte in den Familienansichten an – so steht bei jeder Person ein Ausschnitt der Lebensgeschichte in Textform. Wenige Informationsfelder sind also nicht unbedingt ein

Kriterium für ein ungenügendes Programm, sondern eher die einfache Art Informationen aufzunehmen und für viele Forscher absolut ausreichend.

Warum legen trotzdem einige Forscher so großen Wert auf viele Informationsfelder?
Abgesehen davon, dass einige Familienforscher es einfach beeindruckend finden, wenn sie möglichst viele Felder ausfüllen können, gibt es ein wichtiges Argument für Eingabefelder über die Standarddaten hinaus: Nur die Daten, die in Eingabefeldern stehen, können später gezielt in Ausgaben angezeigt werden oder können als Filterkriterium dienen. Wer ein Eingabefeld „Auswanderung" hat kann, soweit eine solche Funktion integriert ist, eine Liste erstellen mit allen Personen, die einmal ausgewandert sind oder das Auswanderungsdatum in Tafeln anzeigen lassen. Für wen eine solche Arbeitsweise nicht in Frage kommt, muss auf die Vielfalt der Eingabefelder keinen Wert legen.

Wenige Eingabefelder deuten nicht automatisch auf ein schlechtes Programm hin, man hat nur weniger Möglichkeiten, seine Daten zu ordnen. Aber für jede Information, die in Tafeln oder Listen genannt werden soll, ist ein Eingabefeld notwendig. Wer darauf Wert legt, sollte im Programm auch eigene Eingabefelder anlegen können.

Die Datenverwaltung

Vergleichen wir diesen Bereich mit dem Keller unseres Hauses. Bei der Dateneingabe stopfen wir den Keller mit Dingen voll und irgendwann wird es Zeit zum Aufräumen. Man schafft Platz, indem man Unnötiges entfernt, räumt Regale leer und legt gleiche Dinge zusammen. Am Ende einer solchen Putzaktion hat man neuen Platz gewonnen, Ordnung geschafft und alles wieder im Überblick. Solche Aufräumaktionen brauchen auch unsere gespeicherten Daten in vielerlei Hinsicht.

Irren ist menschlich, und so sind Fehler bei der Dateneingabe fast unausweichlich. Aber nicht nur Fehler, auch einige Tücken der Genealogie können dem Anwender und dem Genealogieprogramm zu schaffen machen.

Wer noch wenig Erfahrung mit Genealogieprogrammen oder erst wenige Daten gesammelt hat, geht meist davon aus, dass Daten eingegeben werden, um sie als Liste oder Tafel ausgeben zu können. Mit zunehmender Datenmenge jedoch ergeben sich zwangsläufig Probleme, die immer wieder zwischendurch behoben werden müssen. Das Programm aber muss die Möglichkeiten hierzu anbieten.

Sie tun gut daran, in Frage kommende Programme nach solchen Funktionen abzusuchen.

Plausibilitätskontrolle

Problem: In der Eile des Eingebens hat man sehr leicht einmal Zahlendreher eingetippt oder ein Datum falsch abgelesen ohne es zu bemerken.

Eine Plausibilitätskontrolle kontrolliert alle eingegebenen Daten und findet viele dieser Fehler. So kann sie feststellen, wenn ein Kind lange nach dem Tod der Mutter geboren wurde, wenn ein Beerdigungsdatum vor dem Sterbedatum liegt oder eine Frau mit 90 Jahren ein Kind zur Welt gebracht haben soll.

Ausführung: Dieses Problem wird, wie kann es anders sein, sehr unterschiedlich gelöst. Soweit vorhanden arbeitet diese Funktion entweder bereits bei der Dateneingabe, anschließend nach Aufforderung oder beides. Die Kriterien variieren nach den Vorgaben der Programmautoren und manchmal kann der Anwender selbst Einfluss auf die Kriterien nehmen. Im besten Fall werden die vermeintlichen Fehler als Aufgabenliste angelegt und führen beim

Anklicken direkt zur entsprechenden Personen- oder Familienseite zur Überprüfung.

Duplikate finden

Problem: Eine Person ist mehrfach im Datenbestand vorhanden.

Jeder Forscher trifft bei der Dateneingabe irgendwann auf eine Person, die bereits im Datenbestand vorhanden ist. Aber anstatt die bereits vorhandene Karteikarte aufzurufen und um weitere Informationen oder Verbindungen zu ergänzen, legen sie eine neue Karteikarte an. Je größer der Datenbestand bereits ist, desto eher geschieht dies unwissentlich, denn man kann irgendwann nicht mehr alle Personen im Kopf haben.

Das Programm „Ages!“ zeigt alle gefundenen Datenfehler als zu erledigende Aufgaben an.

Einige Programme bieten die Funktion an, solche Duplikate aufzuspüren. Sie vergleichen die Namen und Lebensdaten und melden eventuelle Übereinstimmungen zur Kontrolle.

Diese Funktion ist zwar sinnvoll, ersetzt aber nicht die gelegentliche eigenhändige Kontrolle. Wenn eine Person auf Karteikarte 1 Maria Elisabeth Meier und auf Karteikarte 2 Lissy Maier heißt, kann kein Genealogieprogramm Ihnen diese beiden Karteikarten als identische Person melden.

Duplikate verschmelzen

Problem: Sie haben doppelt vorhandene Personen gefunden. Für beide Karteikarten sind bereits Verbindungen vorhanden, auf beiden Karteikarten stehen unterschiedliche Informationen. Viele Anwender, die ein Duplikat entdecken, löschen nun einfach eine der Karteikarten und wundern sich hinterher, dass die familiären Beziehungen nicht mehr stimmen. Denn mit dem Löschen einer Person gehen ja auch alle Informationen und Verbindungen dieser Karteikarte verloren. Das Programm weiß ja nicht, dass diese eigentlich zu einer anderen Karteikarte gehören. Das Programm folgt lediglich dem gegebenen Befehl: Löschen!

Gute Programme verfügen über die Möglichkeit, aus zwei Personen (Karteikarten) eine zu machen. Der Anwender sagt dem Programm, welche Personen identisch sind, und das Programm schreibt die Informationen und Verknüpfungen beider Karteikarten auf eine gemeinsame. Keine Information oder keine familiäre Verbindung geht verloren.

Aber: Wenn zu beiden Personen bereits Eltern eingegeben wurden, kann das Programm nicht wissen, ob es gleiche oder andere Personen sind. Folglich kann es dazu kommen, dass nun zwei Elternpaare zu dieser Person eingegeben sind ohne dass der Anwender es bemerkt. Die Folge ist ein neuer Fehler in der Datei. Aus diesem Grunde ist es wichtig, genau zu wissen, wie diese Funktion des Programms arbeitet und nach dem Verschmelzen (oder auch Zusammenführen) das Ergebnis genau zu überprüfen.

Familiäre Verbindungen korrigieren

Manchmal stellt man fest, dass man versehentlich den Enkel statt des Sohnes verknüpft oder falsche Partner miteinander verheiratet hat. Das Löschen einzelner Personen führt zwangsläufig immer zu neuen, meist noch größeren Problemen, weil Sie dadurch einfach eine Karteikarte aus dem Kasten nehmen, zu der die Verbindung von anderen Karteikarten aus nun fehlt. Folglich ist es sehr wichtig, ob ein Programm falsche Verknüpfungen nachträglich korrigieren kann, indem man diese auflöst und anschließend eine neue Verbindung zwischen zwei Personen herstellen kann.

Such- und Filterfunktion

Problem: Sie suchen eine bestimmte Person oder Personengruppe

Lösung: Ein gutes Programm bietet nicht nur die Möglichkeit, eine bestimmte Person anhand von Name, Geburtstag oder ähnlichem zu suchen, sondern auch Personengruppen anhand eines beliebigen Wortes oder Zeitraumes. Im optimalen Fall ist eine solche Filterfunktion mit der Listenausgabe verbunden.

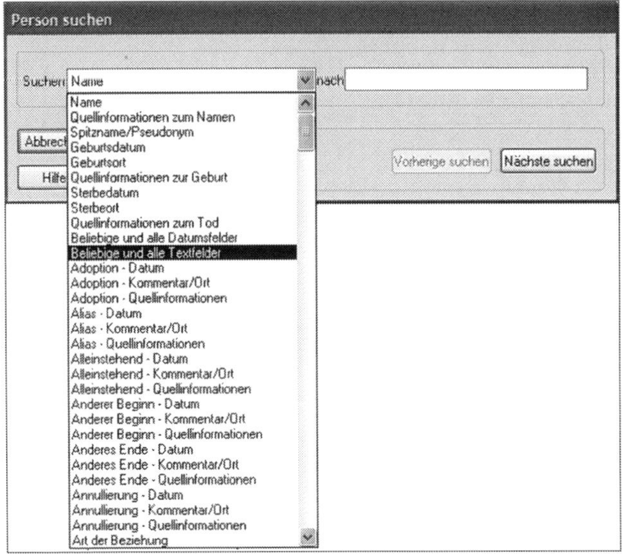

Anhand von Suchbegriffen lassen sich bequem Personengruppen zusammenstellen.

Suchen und ersetzen

Problem: Sie stellen fest, dass Sie einen Namen oder Ort falsch geschrieben haben. Dieser Fehler zieht sich mittlerweile durch die ganze Datei über viele Personen.

Für diese Problematik ist das vom Windows bekannte „Suchen und Ersetzen“ äußerst hilfreich. Nicht alle Programme bieten eine solche Möglichkeit an, die Daten zu korrigieren.

Quellenverwaltung

Problem: Sie haben alle Quellenangaben zu den Informationen eingegeben, stellen im Nachhinein fest, dass einige Angaben nicht korrekt sind. Einige Quellen sind mehrfach unter verschiedenen Namen vorhanden.

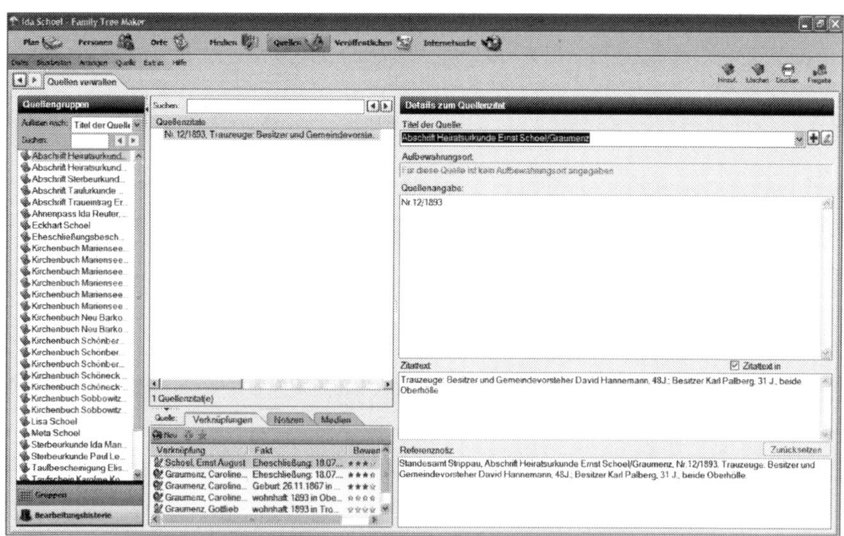

Beispiel „Family Tree Maker 2008“: eine übersichtliche Quellenverwaltung.

Optimal ist, wenn das Programm nicht nur über Eingabefelder für die Quellen verfügt, sondern über eine Quellenverwaltung.

Ortsverwaltung

Problem: Bei der Dateneingabe ist es mehr als wahrscheinlich, dass Sie einen Ort in verschiedenen Schreibweisen erfassen. Bei Weitergabe der Datei kann dies Forscherkollegen verwirren.

Gerade der Bereich Ortsangaben wird von den Programmen äußerst unterschiedlich behandelt. Einige Programme bieten mittlerweile Ortsverwaltungen an. Minimum ist hierbei die Möglichkeit, die Ortsnamen zu vereinheitlichen. Die „Könner" in dieser Funktion bieten das Festhalten von Koordinaten, Postleitzahl, GOV-Kennung, Bildern, Texten zu einem Ort, zeigen alle Personen an, die in die-

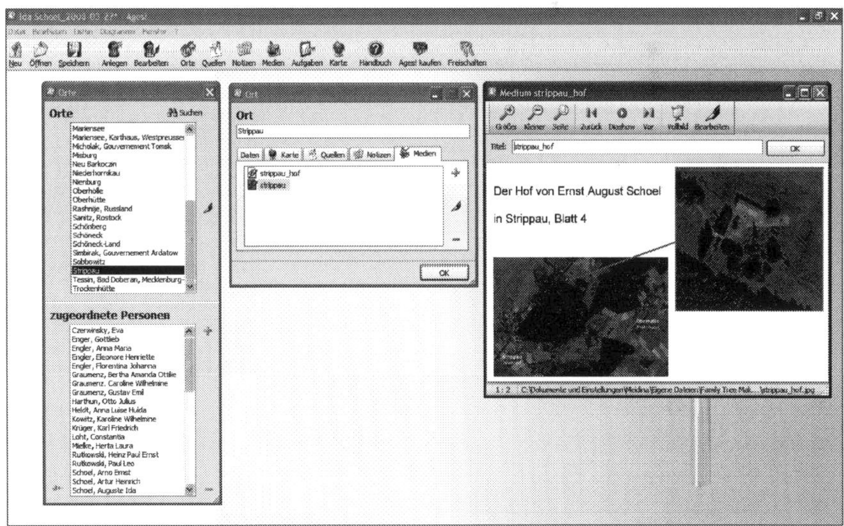

Die Ortsverwaltung von „Ages!" ermöglicht das Vereinheitlichen von Ortsbezeichnungen und das Hinterlegen von Details zu jedem Ort.

sem Ort einmal gelebt haben und sind mit Landkartenmaterial oder Satellitenbildern verknüpft, um den Ort anzuzeigen.

Eine Ortsverwaltung ist im Grunde für die Familienforschung nicht erforderlich. Trotzdem ist sie ein nützliches Werkzeug, wenn man zu einem späteren Zeitpunkt eine Familienchronik plant, weil man dann meist auch die verschiedenen Lebensorte näher vorstellt.

Langfristig kommt der Anwender ohne Werkzeuge im Genealogieprogramm nicht aus. Wer das Hobby ernsthaft betreiben möchte, sollte auf solche Möglichkeiten unbedingt achten.

Familiengeschichte zum Ansehen: Tafeln und Listen

Nun kommen wir in die gute Stube unserer Wohnung. Hier werden die Gäste hingeführt, hier zeigt man, was man hat.

Die Ausgaben eines Programms sind immer für den Forscher selbst eine wichtige Hilfestellung und darüber hinaus die Krönung der Forschungsarbeiten. Doch auch hier sind die Ansprüche der Anwender so verschieden wie sie nur sein können. Der eine Forscher legt keinen Wert auf die gute Stube, solange nur der Keller aufgeräumt ist, der andere möchte eine prunkvolle, ansprechende Stube und wie der Keller aussieht ist ihm egal. Übersetzt bedeutet das: Es gibt Forscher, die großen Wert darauf legen ihre Forschungsergebnisse ansprechend auszugeben um sie in der Verwandtschaft zu zeigen, und eine Gruppe von Forschern, die auf hübsche Ausgaben verzichten, weil sie das für Schnickschnack halten – ihnen sind nur die Inhalte wichtig.

Bei den Listen erkennt man am ehesten die Fähigkeiten der Datenverwaltung eines Programms. Im besten Fall ist es möglich, Suchergebnisse der Filter- und Suchfunktion in einer individuell einstellbaren Liste auszugeben. Auf diese Weise erstellen Sie Listen über alle Bäcker in der Familiendatei, finden alle Personen, die irgendwann in Hamburg gelebt haben, alle Auswanderer oder alle Personen, zu denen noch kein Geburtsdatum gefunden werden konnte – ein starkes, nicht zu unterschätzendes Werkzeug bei größeren Dateien.

Die Möglichkeiten der Tafelerstellung variieren extrem. Einige Programme geben eine Handvoll Tafeln aus, deren Eckpfeiler wie Optik und Inhalt nicht zu verändern sind. Bei diesen Programmen klickt man auf eine Taste und die Tafel zu einer gewünschten Person wird angezeigt. Nachteil: Man muss sie nehmen wie der Programmautor sie sich gedacht hat.

Andere Programme geben dem Anwender mehr oder weniger Spielraum im Hinblick auf Inhalte und optische Details. Dabei gilt: Je mehr Einfluss der Anwender nehmen kann, umso länger dauert es, bis eine Tafel so erstellt ist wie sie angedacht ist. Es gehört zu den individuellen Entscheidungen, ob jemand leicht und schnell aber wie vorgegeben oder individuell mit mehr Zeit für die Details ausdrucken möchte.

Grafisch schlichte Programme geben Tafeln oder Rahmen oder Hintergrund aus – viereckige Kästen mit Linien verbunden zeigen die Forschungsergebnisse auf das Wesentliche – die Daten – konzentriert an. Andere Programme bieten Rahmenvorlagen, Hintergrundbilder, die Möglichkeit bestimmte Linien durch andere Farben hervorzuheben und vieles mehr.

Bei der Erstellung von Tafel bieten die Programme unterschiedliche Einflussmöglichkeiten. Beispiel: „Ages!".

Nicht zu unterschätzen ist dabei die Möglichkeit der Personenauswahl. Standard ist die Anzeige der Vor- und Nachfahren. Doch einige Programme bieten mehr. Sie ermöglichen die Anzeige der Geschwister zu den Hauptpersonen, das Ausblenden ganzer Zweige. Dies kann von großem Vorteil sein.

Eine weitere Frage ist, wie das Programm mit einem Implex umgeht. Ein Implex (= Ahnenschwund durch entfernt miteinander verwandter Personen) kommt in fast jeder Genealogie vor. Soll das Programm doppelt vorkommende Zweige ausblenden können oder immer wieder anzeigen können? Optimal gelöst ist dieses Problem, wenn das Programm dem Anwender die Entscheidung überlässt und beide Möglichkeiten anbietet.

Import-/Export

Wenn Sie nicht zu 100 % auf die Angebote eines einzigen Programms angewiesen sein möchten, dann sind die Möglichkeiten des Im- und Exportes besonders wichtig.

Gedcom (Genealogical Data Communication)

Viele Genealogieprogramme schmücken sich mit der Aussage, dass die Daten als Gedcom-Datei übertragbar seien. Ein Genealogieprogramm ohne Gedcomimport/-export ist absolut unverkäuflich und so sollte es folglich kein Programm auf dem Markt geben, das diese Funktion nicht anbietet. Doch leider ist diese Möglichkeit der Datenübertragung bei den Programmen unterschiedlich gut – oder auch schlecht – gelöst und auch die Gedcom-Übertragung selbst hat leider einige Schwachstellen. Wie die Gedcom-Schnittstelle der einzelnen Programme arbeitet, ist leider nur sehr schwer zu erfahren. Obwohl es ein äußerst wichtiges Detail ist, gestaltet sich ein Test dieser Funktion so umständlich, dass sich nur wenige Familienforscher damit auseinandersetzen. Darüber hinaus sind an der Übertragung einer Gedcom-Datei immer zwei Programme beteiligt – das Programm, das die Gedcom-Datei erzeugt, und das Programm, das die Gedcom-Datei einliest. Das erschwert die Übertragung einer Gedcom-Datei zusätzlich und macht einen genauen Test aufgrund der Fülle von Möglichkeiten nahezu unmöglich. Häufig gibt man die Daten in ein Programm ein und stellt dann erst sehr viel später fest, dass diese angeblich so narrensichere Methode Daten zu übertragen viele Einschränkungen hat.

Entwickelt wurde Gedcom (Genealogical Data Communication) von der Kirche Jesu Christi der Heiligen Letzten Tage, den Mormonen, die auch das Copyright besitzen. Gedcom-Dateien erkennen Sie an der Erweiterung „ged" (z. B. „meier.ged").

Eine Gedcom-Datei lässt sich mit jedem Schreibprogramm öffnen und betrachten, denn es handelt sich dabei um eine Reihe von Textkürzeln. Hier ein Auszug aus einer Beispieldatei:

```
0 @I263@ INDI
1 NAME Karl Heinz /Meier/
1 DEAT
2 DATE 1 June 1885
2 PLAC Posemuckel
1 OCCU Kaufmann
1 SEX M
1 FATH @I265@
1 MOTH @I266@
```

Am Zeilenanfang steht jeweils eine Zahl. Eine „0“ zeigt an, dass hier eine neue Aufzeichnung beginnt. Das bedeutet, dass Informationen so lange zu einem ein und derselben Person gehören, bis wieder eine Zeile mit „0“ beginnt. Jeder Datensatz, also die Informationen einer bestimmten Person, nennt sich „Record“. Eine „1“ am Zeilenanfang betrifft immer ein Ereignis, und die Zeilen beginnen nachfolgend solange mit einer „2“, wie sich die Zeilen auf das letztgenannte Ereignis beziehen.

Hinter jeder Nummer steht eine Abkürzung, die dem einlesenden Programm sagt, um welche Information es sich handelt. Diese Abkürzung nennt man „Tag“. HUSB steht für Ehemann, PLAC für Ort, MARR für Trauung, usw. Diese Tags können auch aus Zeichen bestehen (@S43@). Hierbei handelt es sich um Verweise zu anderen Personen, Familien oder Quellen. Auf der Homepage http://wiki-de.genealogy.net/GEDCOM-Tags können interessierte Leser die Namen der standardisierten Tags ablesen.

CONT bedeutet, dass das Feld darüber mehr Text enthält als es aufnehmen kann. Es wird an dieser Stelle fortgesetzt. SOUR zeigt an, an welcher Stelle die Information abgelegt ist.

Später folgen die aufgelisteten Familien (FAM).

```
0 @F107@ FAM
1 HUSB @I302@
1 WIFE @I303@
1 CHIL @I38@
1 CHIL @I316@
1 CHIL @I111@
1 CHIL @I109@
1 CHIL @I318@
1 CHIL @I36@
1 CHIL @I321@
1 MARR
2 DATE 17 DEC 1862
```

Hier zum Beispiel wird die Familie mit der Nummer 107 angeführt vom Ehemann (HUSB), dessen Personen-Nummer die 302 ist, gefolgt von seiner Frau (WIFE), deren Personen-Nummer 303 ist, und deren Kindern (CHIL), deren Personen-Nummern ebenfalls aufgezählt werden. Ebenfalls enthalten sind die Trauungsdaten (MARRiage DATE).

Wenn eine Gedcom-Datei importiert wird, benutzt das Genealogie-Programm die oben erklärten Nummern und Abkürzungen, um die Familiendatei mit allen verwandtschaftlichen Beziehungen wieder herzustellen. Die Software liest die Zeilen-Nummern und Abkürzungen, und versucht nun, die enthaltenen Informationen in den eigenen Feldern abzulegen. Wenn das einlesende Programm eine bestimmte Abkürzung nicht erkennt (weil hierfür kein Eingabefeld existiert), ignoriert es die entsprechende Zeile oder platziert sie bestenfalls im Notizfeld, von wo aus man sie später selbst verschieben kann.

WICHTIG Das Vorhandensein einer Gedcom-Funktion bedeutet nicht automatisch, dass die Daten fehler- und verlustfrei übertragen werden können.

Export von Ausgaben

Es gibt Programme, deren Ausgaben man in verschiedenen Dateiformaten speichern kann, um sie dann mit einem anderen Programm weiter zu bearbeiten oder per E-Mail an Forscherkollegen verschicken zu können. Die wichtigsten Dateiformate sind:

RTF und TXT: ermöglichen das Verändern, Zufügen, Löschen von Texten in Listen. Diese Dateien können mit einem Schreibprogramm geöffnet werden.
HTML: Wer eine eigene Homepage betreibt und hier Forschungsergebnisse veröffentlichen möchte, wird sich über diese Exportmöglichkeit freuen. Hier werden die Forschungsergebnisse bereits aufbereitet und so verlinkt, dass sie zur Veröffentlichung bereit sind.
PDF: Um Ausgaben, auch Tafeln, an Forscherkollegen verschicken zu können, sollte die Datei möglichst klein sein – hierfür ist das Dateiformat PDF besonders attraktiv, das dann vom Empfänger mit dem kostenlosen Programm Acrobat Reader geöffnet werden kann. Abgebildete Daten können dabei vom Empfänger zwar betrachtet, nicht aber verändert oder kopiert werden.

Programmbetreuung und Support

Meist völlig unterschätzt werden Programmpflege und -unterstützung („Support"), und auch hier gilt, dass die Spannbreite der Angebote nicht größer sein kann.

Es gibt Programme, deren Entwickler sich ganz bewusst versteckt halten und nicht ansprechbar sind. Sie haben ein Programm geschrieben und es veröffentlicht, möchten aber mit Kundenanfragen nicht belästigt werden. Auf einen „Support" hofft man hier vergeblich – ob und wann eine neue Version erscheint ist ungewiss. Das andere Extrem stellt eine kleine Gruppe von Programmautoren dar, die mit viel Engagement im engen Kontakt mit den Anwendern fast jede Kundenidee umsetzen und Supportanfragen zuverlässig und schnell beantworten. Meist erfährt man über Foren und Mailinglisten, wie es um Support und Weiterentwicklung eines Programms bestellt ist. Die Erfahrungen anderer Anwender sind hier die besten Hinweise.

Schritt 3: Informieren, Vergleichen, Aussortieren

Sie sollten nach diesen ersten beiden Schritten genauer wissen, wonach Sie suchen. Im dritten Schritt verschaffen Sie sich einen Überblick über die Software auf dem Markt und sortieren die Programme aus, die für Sie nicht in Frage kommen.
Informationen hierzu bekommt man über unterschiedliche Quellen:

Vereine:
http://wiki-de.genealogy.net/index.php/Kategorie:Genealogiesoftware
http://wiki-de.genealogy.net/Genealogiesoftware/Linkliste
http://de.wikipedia.org/wiki/Computergenealogie

Suchmaschinen:
http://www.google.de/Top/World/Deutsch/Gesellschaft/Familienforschung/Software/

Private Homepages:
http://www.genealogie-forum.de/allgemein/software

Mailinglisten und Foren:
http://list.genealogy.net/mailman/listinfo/genealogie-programme
http://forum.ahnenforschung.net

Zeitschriften:
http://wiki-de.genealogy.net/Computergenealogie

Im Anschluss an diesen Artikel finden Sie zudem eine kleine Auswahl der bekanntesten und beliebtesten Programme.

Schritt 4: Demoversionen testen und Entscheidung treffen
Von den verbliebenen Programmen sollten Sie sich eine Demoversion besorgen, die es bis auf wenige Ausnahmen kostenlos im Internet gibt. Lassen Sie sich hierfür unbedingt Zeit. Einen Blick auf die Oberfläche zu werfen reicht für ein umfassendes Gesamtbild nicht aus.
Sehen Sie sich im Programm zunächst in Ruhe um. Wenn Sie herausgefunden haben, wie wo welche Informationen einzugeben sind, geben Sie ein paar Testpersonen inklusive eines Bildes und Quellen ein. Nehmen bei allen Programmen die gleichen Daten und achten Sie darauf, wie viel Zeit und Mausklicks Sie jeweils benötigen. Hierbei kann schon das eine oder andere Programm aus der näheren Auswahl herausfallen.
Sehen Sie sich das Programm nach den unter Schritt 2 beschriebenen Details an, zum Beispiel:

- Welche Eingabefelder bietet das Programm?
- Welche Werkzeuge werden angeboten?
- Welche Ausgaben lassen sich erzeugen und wie flexibel sind sie? Entsprechen sie meinen Erwartungen?
- Wird das Programm weiter entwickelt und gibt es einen Support der mir bei Problemen weiterhilft?

Lassen Sie sich beim Testen der Demoversionen ein wenig von Ihrem Gefühl leiten. Ohne dass man es begründen kann ist manchmal ein Programm sympathisch oder unsympathisch. Dieses Bauchgefühl sollte man nicht ignorieren. Ein Programm, das viele

Anforderungen erfüllt, für das man aber keine rechte Sympathie empfindet, wird auf Dauer nicht glücklich machen.

Das rundum perfekte Programm werden Sie aller Voraussicht nach nicht finden. Familienforscher mit sehr genauen und anspruchsvollen Vorstellungen ergänzen daher verschiedene Programm miteinander. Wem ein Programm alleine nicht ausreicht, entscheidet sich zunächst für ein Hauptprogramm, in dem die Daten eingegeben und verwaltet werden. Sehr oft haben Programme mit Stärken in der Datenverwaltung Schwächen bei den Ausgaben. Das kann man kompensieren, indem man sich nun ein weiteres Programm installiert, bei dem dieser Bereich besonders gut gelungen ist. Die Erfahrung zeigt, dass bei einzelnen Programmen entweder die Listen oder die Tafeln besonders gelungen sind. Es kann also sein, dass Sie für die Ausgaben sogar zwei zusätzliche Programme nutzen möchten. Voraussetzung ist lediglich, dass die Gedcom-Übertragung zwischen diesen Programmen reibungslos funktioniert, was man zunächst austesten muss.

Darüber hinaus gibt es ergänzende genealogische Hilfsprogramme, die das Gesamtpaket um weitere Möglichkeiten erweitern. Diese Programme dienen nicht der Dateneingabe. Meist werden vorhandene Gedcom-Dateien eingelesen.

Die bekanntesten Genealogieprogramme

Es folgt eine kleine Auswahl deutschsprachiger Genealogieprogramme mit einer Kurzvorstellung in Stichworten. Bitte bedenken Sie, dass es insgesamt etwa 50 deutschsprachige Genealogieprogramme auf dem Markt gibt und die hier veröffentlichte Auswahl keinerlei Wertung bedeutet (alle Preisangaben: Stand August 2008). Eine vollständige Kurzübersicht finden Sie bei Interesse im Sonderheft des Vereins für Computergenealogie „Ahnenforschung – auf den Spuren der Vorfahren“ (*http://wiki.de.genealogy.net/Sonderheft*).

Ages!

Version: 1.53 vom 07.10.2009
Autor: Jörn Daub EDV-Beratung
Preis: ca. 35 €
Weitere Informationen: *http://www.daubnet.com/german/ages.html*

- sehr leichte Bedienung
- ausgereifte Quellenverwaltung
- Verknüpfung von Taufpaten und Trauzeugen
- Ortsverwaltung
- Listen und Diagramme mit großer Einflussmöglichkeit auf Inhalte und Optik
- Export als PDF-, RTF- und TXT-Datei (Listen), WMF, BMP, JPG, GIF, TGA und PDF (Diagramme)

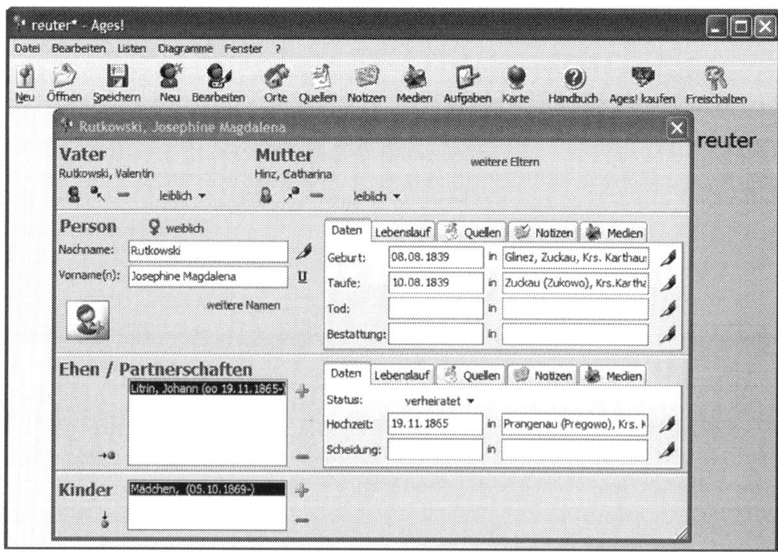

Die Testversion von Ages! ist auf die Eingabe von 50 Personen begrenzt, bei eingelesenen größeren Gedcom-Dateien aber lassen sich alle Ausgabefunktionen uneingeschränkt nutzen. Man kann die Testversion daher als Zweitprogramm nutzen.

Adam

Version: 3.2 vom 05.01.2008
Autor: Roland Klöpfer
Preis: Vollversion ca. 29,50 €
Weitere Informationen: *http://www.use-adam.de*

- einfach zu bedienen
- schnelle Navigation
- Eingabefelder für die Standarddaten
- chronologischer Lebenslauf
- umfangreiche Listenausgaben und Statistiken
- Exportmöglichkeit in Word, Excel und HTML

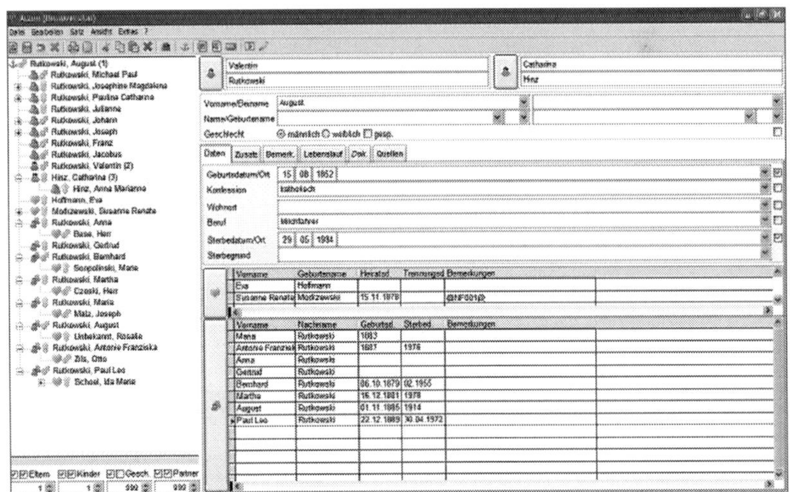

Adam ist ein Shareware-Programm. Die Testversion ist begrenzt auf 50 Personen, auch die Ausgaben und Anzeigen beschränken sich auf diese Personenanzahl.
Hilfeforum: *http://www.rokweb.de/forum/forum.php?forid=2*

Ahnenblatt
Version: 2.70 vom 28.10.2011
Autor: Dirk Böttcher
Preis: kostenlos
Weitere Informationen: *http://www.ahnenblatt.de*

- leicht zu bedienen
- bequeme Navigation
- Verwaltung der Standard-Daten
- optisch ansprechende Tafeln
- Export als DOC, RTF, HTML, Jpeg, Png
- Hilfeforum für Anwender: *http://www.ahnenblattportal.de/*

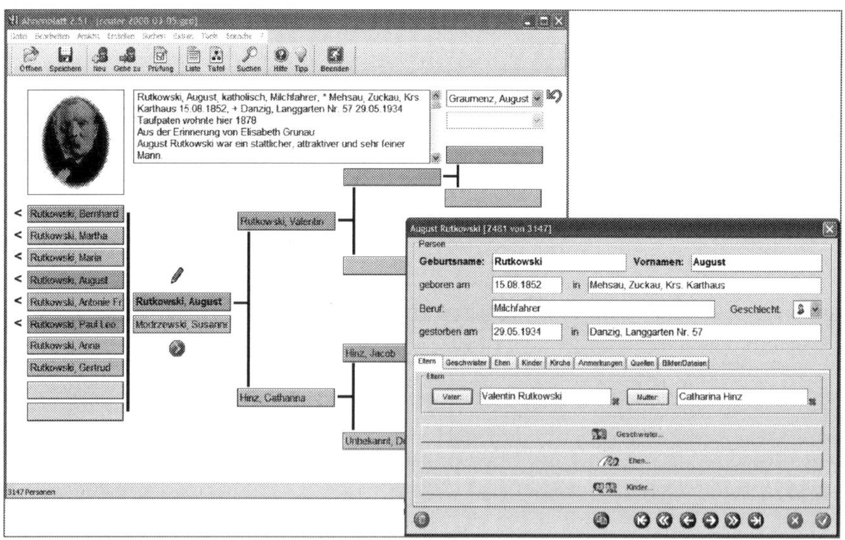

Ahnenchronik

Version: 5
Autor: Hans-Werner Hennes
Hersteller: Jupisoft
Preis: ca. 29,90 € per Download bzw. 34,90 € incl. CD-ROM
Weitere Informationen: *http://www.ahnen-chronik.de*
(wird auch unter dem Namen „Der Ahnenforscher 4.0" von der Firma Data Becker vertrieben. Die aktuellste Version erhalten Sie allerdings nur beim Autor direkt.)

- schnelle Dateneingabe
- vielfältige Listen
- ansprechende Schmuckvorlagen.
- integrierte Lexika zur Geschichte, Archivadressen, Namen und Begriffen
- Beteiligung an der Online-Datenbank Ahnenarchiv (*http://www.ahnenarchiv.de*)

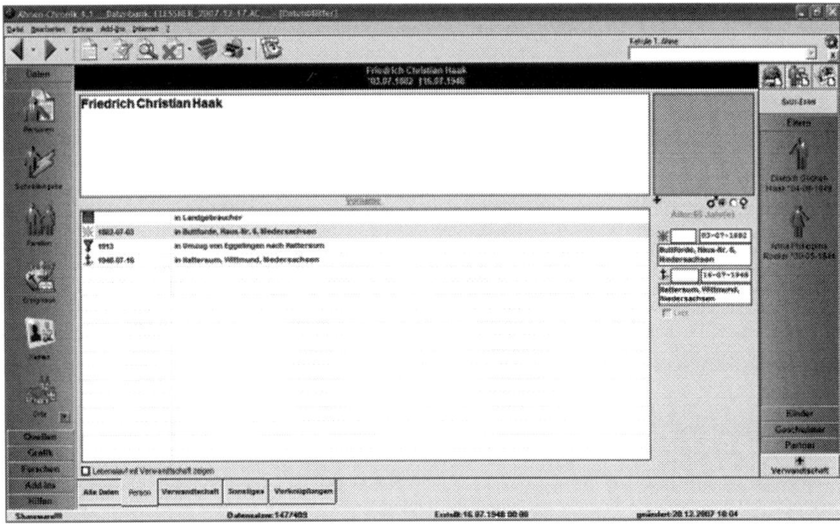

Die Demoversion ist voll funktionsfähig, ohne Einschränkung der Personenanzahl. Die Möglichkeit zum Druck ist deaktiviert und das Speichern als HTML, PDF, WMF oder RTF ist nur in der Vollversion möglich.

Brothers Keeper
Version: 6.2
Autor: John Steed
Preis: ca. 49,95 €
Weitere Informationen: *http://www.brothers-keeper.de*

- leichte Bedienung
- alle denkbaren Eintragungen möglich
- variantenreiche Listen
- Verwandtschaftsberechnungen

Die Testversion erhältlich unter *http://www.bkwin.de*.

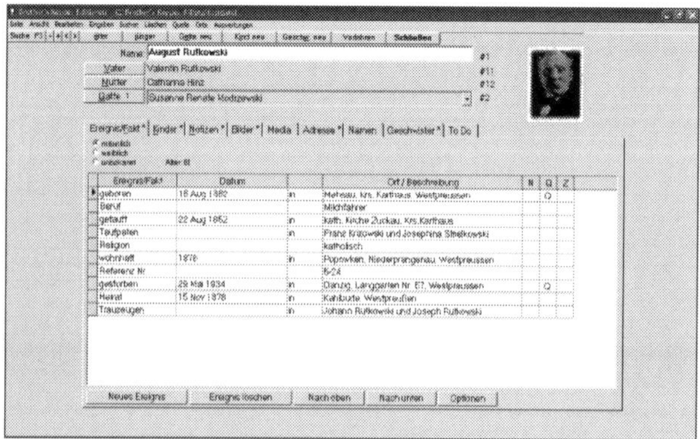

Der Stammbaum
Version: 6.0
Hersteller: USM, München
Preis: je nach Ausführung ca. 20 €, 40 €, 70 €
Weitere Informationen: *http://www.usm.de*

- leicht bedienbar
- navigieren mit Hilfe verschiedener Ansichten
- Quellenverwaltung
- Medienverwaltung
- Ausgaben speicherbar als RTF-, PDF-, HTML-Datei

Die Kompaktversion ist auf 500 Personen, die Standardversion auf 2 048 Personen pro Familie beschränkt. Nur die Premiumversion kann unbegrenzt viele Personen verwalten.

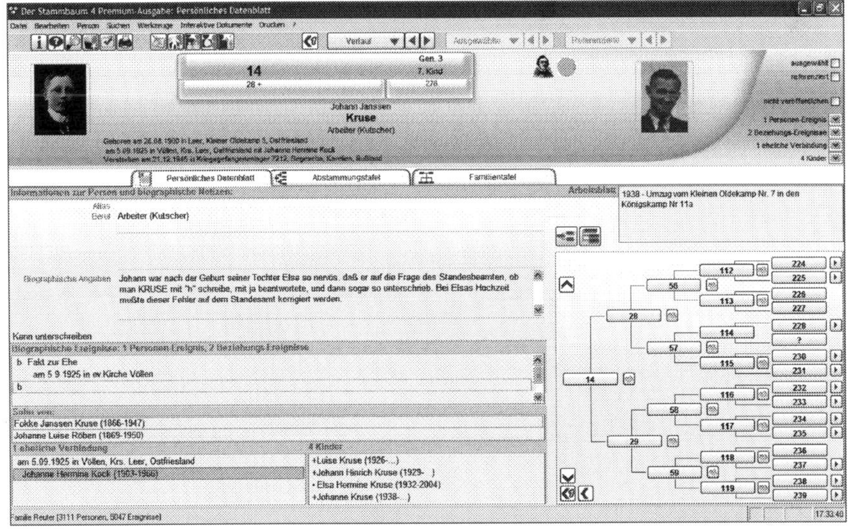

Familienbande
für Windows, Linux und Mac
Version vom 23.06.2011
Autor: Stefan Mettenbrink
Preis: Freeware (kostenfrei)
Weitere Informationen: http://www.familienbande-genealogie.de

- Dateneingabe intuitiv möglich.
- Eingabefelderfelder für die Standarddaten
- Quellenverwaltung
- Ortsverwaltung
- Schmuckvorlagen für Ausgaben
- speicherbar als Foko-Vorlage, Text oder HTML

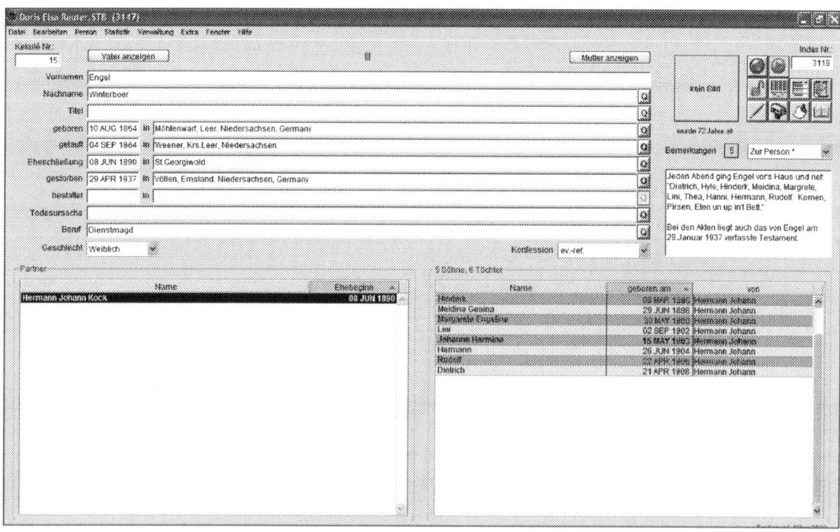

Family Tree Maker 2010

Hersteller: Avanquest Deutschland

Preis: ab ca. 30 €

Weitere Informationen: *http://www.familienstammbaum.de*

- Dateneingabe und Navigation intuitiv möglich
- beliebig viele Eingabefelder
- detaillierte Quellen- und Medienverwaltung
- Landkartenfunktion
- To-Do-Liste
- Ausgaben speicherbar als PDF-, CVS-, RTF- und HTML-Datei

Mailingliste für Anwender:
http://list.genealogy.net/mailman/listinfo/familienstammbaum
Eine Demoversion ist unverständlicherweise noch nicht verfügbar.

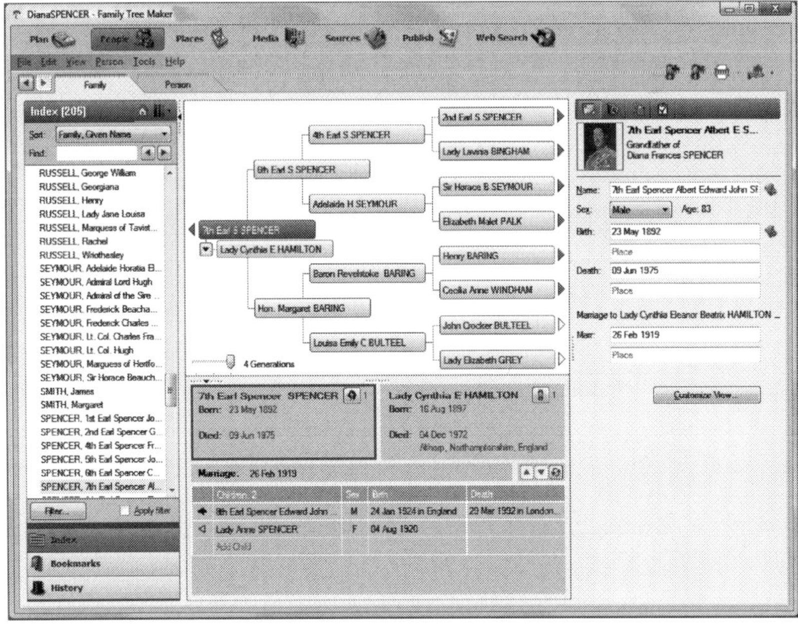

Legacy
Version: 7.5.0.112 vom 05.08.2011
Hersteller: Millennia Corporation
Preis: ca. 29.95 US$ Deluxe-Version
Weitere Informationen: *http://www.legacyfamilytree.de*

- leicht bedienbar
- sehr übersichtlich
- unbegrenzt viele Namen und Ereignisse
- Quellenverwaltung
- To-Do-Liste
- vielfältige Listen und Tafeln

Die Basisversion ist kostenlos, die Deluxe-Version bietet zusätzliche Funktionen wie eine Buchfunktion.

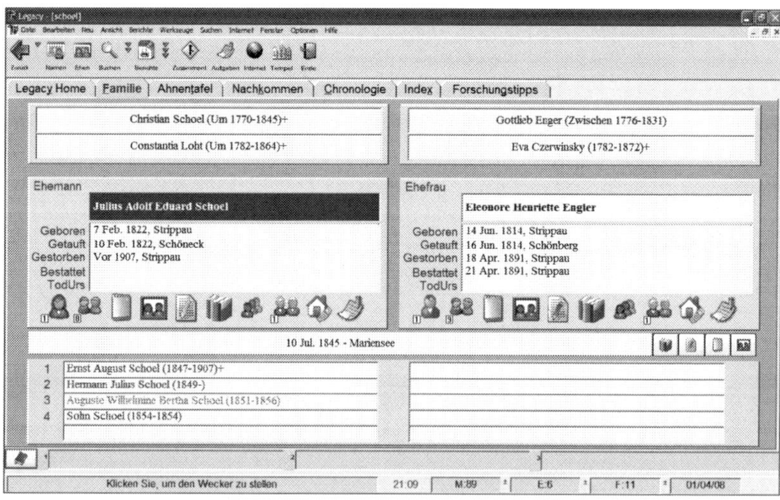

PAF (Personal Ancestral File)

Version: 5.2
Hersteller: Kirche Jesu Christi der Heiligen Letzten Tage
Preis: Freeware (kostenfrei)
Weitere Informationen: *http://www.familysearch.org*

- Dateneingabe einfach
- intuitiv bedienbar
- Quellenverwaltung
- vielfältige Listen

Anwendermailingliste: *http://list.genealogy.net/mailman/listinfo/paf-user*

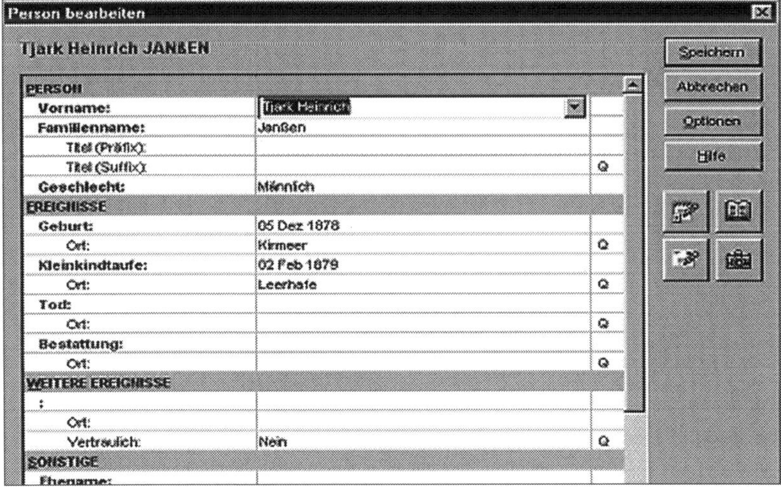

Genealogische Hilfsprogramme (Auswahl)

Ahnensuche

Durchsucht verschiedene Namensdatenbanken im Internet und verwaltet die Suchergebnisse.

Preis: Freeware (kostenlos)
Webseite: *http://www.steffen-sobe.de/*

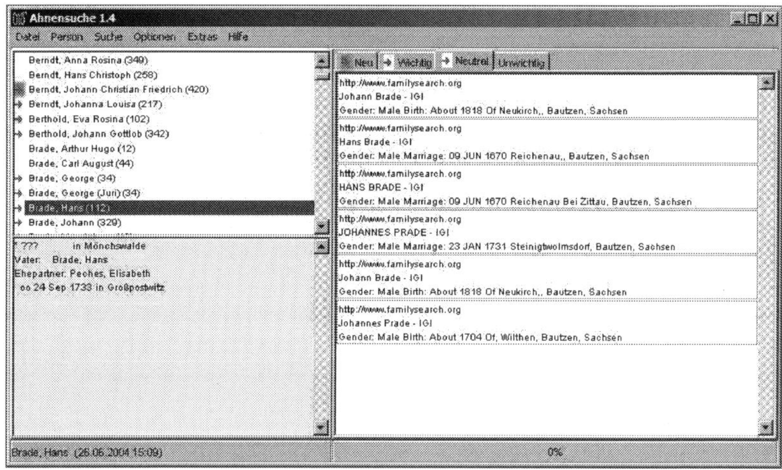

Gedcom2map

Ermöglicht das Abbilden von genealogischen Daten auf topographischen Karten.

Preis: ca. 24,95 €, Zusatzmodul „Google Maps Anbindung" ca. 12,50 €
Webseite: *http://www.gedcom2map.de*

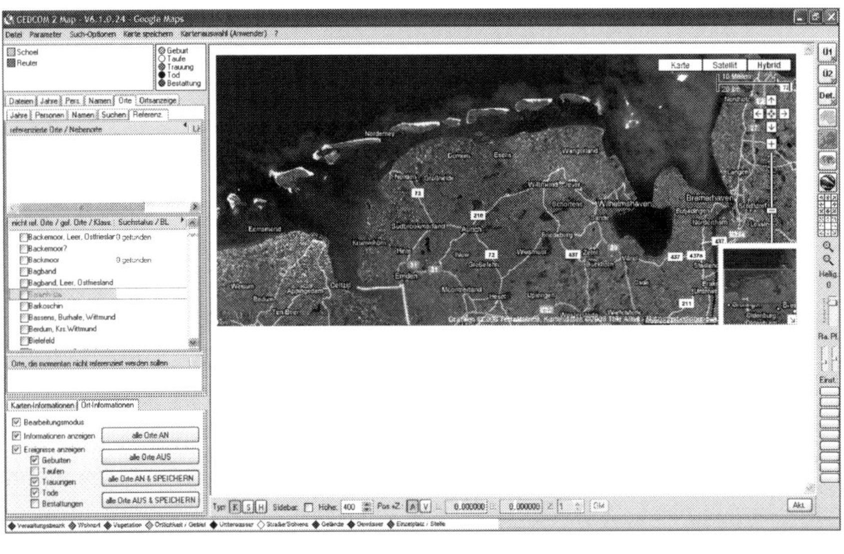

GedTool

Excel-Makros ermöglichen das nachträgliche Bearbeiten von Gedcom-Dateien.

Preis: Vollversion ca. 10 €
Webseite: *http://wiki-de.genealogy.net/GedTool*

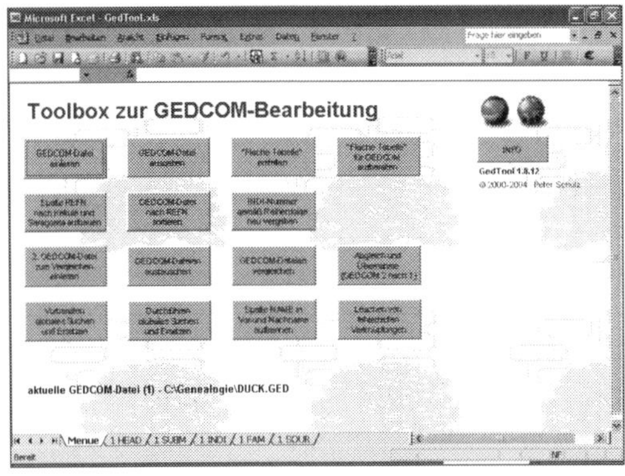

OFB

Das Programm erstellt Ortsfamilienbücher, Familienbücher, Ahnen- und Stammlisten.

Autor: Diedrich Hesmer
Preis: ca. 25 €
Webseite: *http://www.hesmer.name/ofb/*

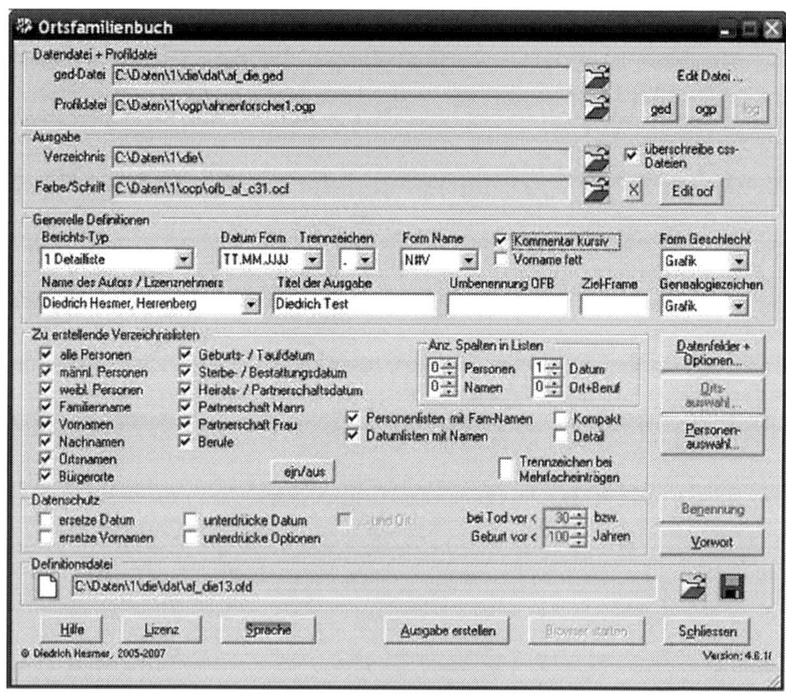

Veröffentlichung der Forschungsergebnisse

Vollkommenheit in der Genealogie
ist nie zu erreichen;
darauf zu warten, würde bedeuten,
eine Forschung nie zu veröffentlichen!

Aus: „Deutsches Geschlechterbuch" (Starke Verlag)

Allgemeine Vorbemerkung

Es gibt viele Möglichkeiten, seine Forschungsergebnisse zu veröffentlichen. Man sollte dabei mehrgleisig fahren und schauen, was einem die Publikation wert, welches technisches Wissen vorhanden ist bzw. was der Geldbeutel erlaubt.

Sie können Ihre Familiengeschichte kostenfrei im Internet veröffentlichen oder aber in wissenschaftlichen Buchreihen. Anfangen wird man sicherlich mit den technisch einfachsten Mitteln, die Veröffentlichung in genealogischen Internetdatenbanken. Der technisch etwas schwierigere Weg ist dann die eigene genealogische Homepage im Internet, die Kosten hierfür sind gering. Auf den nachfolgenden Seiten gehen wir detailliert auf den Bereich Internet ein. Zu Beginn soll nun aufgezeigt werden, welche Möglichkeiten es im Buch-Bereich gibt.

Ihr eigenes Buch veröffentlichen

Möchte man seine Familiengeschichte als Buch drucken, sollte man sich gut überlegen, ob man die Chronik im Selbstverlag publizieren möchte. Man lässt dann im eigenen Selbstverlag und auf eigene Kosten und Risiko ein Buch herstellen, welches vertrieben werden

muss und natürlich auch in den entsprechenden Bibliotheken vorhanden sein sollte, damit die Aufzeichnungen für die Nachwelt erhalten bleiben.
Will man nur ein paar Exemplare für die Verwandtschaft drucken, so empfiehlt sich der Druck „on Demand", sprich auf Abruf. Spezialisiert auf diesen Bereich hat sich u.a. die Firma Books on Demand GmbH in Norderstedt (siehe *http://www.bod.de*). Dort gibt es für jeden Bereich das passende Angebot. So können Sie entscheiden, ob Sie das Layout selber machen oder einen Profi für Layout und Lektorat einschalten möchten. Ebenso erhält man eine kostenfreie ISBN-Nummer, damit das Buch überall im Buchhandel bestellbar ist.

Kontakt Books on Demand GmbH
Gutenbergring 53, 22848 Norderstedt
Tel.: 040 534335-0
Fax: 040 534335-84
info@bod.de
http://www.bod.de

TIPP Alles zum Thema Selbstverlag, Book on Demand, Verlagsgründung etc. findet man in dem Buch
Manfred Plinke, Mini-Verlag. Selbstverlag, Publishing on Demand, Verlagsgründung, Buchherstellung, Buchmarketing, Buchhandel, Direktvertrieb, 6. Auflage, 2005, ISBN 978-3-93290927-6

In einem genealogischen Fachverlag veröffentlichen

Nun muss man ja nicht gleich einen Selbstverlag gründen, um seine Familiengeschichte zu publizieren. Es gibt auch noch die Möglichkeit, seine Familiengeschichte in einem genealogischen Fachverlag zu publizieren. Diese Verlage haben auch die Möglichkeiten, Ihr Buch innerhalb einer Buchreihe zu publizieren, wenn das gewünscht ist.

C.A. Starke Verlag

Der bereits im Jahr 1847 gegründete Starke Verlag ist Herausgeber der Buchreihe „Deutsches Geschlechterbuch". Die Reihe begann bereits im Jahr 1889 unter dem Titel „Genealogisches Handbuch bürgerlicher Familien". Die vergriffenen 119 Bände des Genealogischen Handbuchs sind inzwischen digitalisiert und als CD-ROM käuflich zu erwerben. Derzeit gibt es insgesamt über 220 Bände der weltberühmten Reihe, die in zahlreichen Bibliotheken anzutreffen ist.

Informationen zum Deutschen Geschlechterbuch
http://de.wikipedia.org/wiki/Deutsches_Geschlechterbuch
Aufnahme-Bedingungen
http://www.starkeverlag.de/presse/Download/Bedingungen.pdf
Verzeichnis der behandelten Geschlechter
http://wiki-de.genealogy.net/Deutsches_Geschlechterbuch
Starke Verlag Homepage
http://www.starkeverlag.de

Kontakt C. A. Starke Verlag
Frankfurter Str. 51–53, 65549 Limburg
Tel.: 06431 9615-0
Fax: 06431 9615-15
starkeverlag@t-online.de
http://www.starkeverlag.de

Verlag Degener & Co.

Der im Jahr 1910 gegründete Verlag publiziert die Buchreihe „Deutsches Familienarchiv", die ebenso weltweit Anerkennung findet und in zahlreichen Bibliotheken zu finden ist. Das deutsche Familienarchiv wurde 1952 begründet und umfasst mittlerweile mehr als 150 Bände.

Informationen zum Deutschen Familienarchiv
http://de.wikipedia.org/wiki/Deutsches_Familienarchiv
Verlag Degener & Co. Homepage
http://www.degener-verlag.de

Kontakt Verlag Degener & Co.
Am Brühl 9, 91610 Insingen
Tel.: 09869 978228-0
Fax: 09869 978228-9
degener@degener-verlag.de
http://www.degener-verlag.de

Cardamina Verlag

Der noch recht junge Verlag veröffentlicht nicht nur Ortsfamilienbücher, sondern auch Familienchroniken, Orts- und Gemeindechroniken, Lexika und mehr. Bei Abgabe einer druckfertigen Datei entstehen dem Autor keinerlei Kosten. Jedes Buch bekommt eine ISBN-Nummer und ist damit im Buchhandel erhältlich. Innerhalb kurzer Zeit sind hier schon zahlreiche Werke erschienen.

Kontakt Cardamina Verlag, Susanne Breuel
Willibrordstraße 11a, 56637 Plaidt
Tel. / Fax 0700/28273835
kontakt@cardamina.de
http://www.cardamina.de

Genealogische Vereine

Neben den bisher aufgezeigten Möglichkeiten gibt es natürlich auch die Option, seine Ergebnisse bei einem genealogischen Verein zu publizieren. Diese haben zum größten Teil eigene Zeitschriften oder Jahrbücher und nehmen gerne familienkundliche Artikel an. Fragen Sie einfach bei dem Verein in Ihrer Nähe bzw. dem Verein, der Ihr Forschungsgebiet betreut. Im Anhang finden Sie die Anschriften der genealogischen Vereine in Deutschland.

Genealogische Datenbanken und Homepages im Internet

Datenbanken im Internet kann man nicht nur abfragen, sondern auch mit den eigenen Daten beliefern. Eine ganze Reihe von Projekten ermöglicht das Hochladen der eigenen genealogischen Daten. Sicher gibt es so manche Bedenken, etwa zum Datenschutz. Aber: Die Vorteile eines solchen Vorgehens sind ebenfalls vielfältig. Deshalb sollte sich jeder genau informieren und dann abwägen.

Es ist ratsam, sich genau anzuschauen, wem man seine Daten anvertraut und zu welchen Bedingungen das geschieht. Vorsicht ist durchaus angebracht. Jeder seriöse Datenbankbetreiber hält Dokumente im Internet bereit, auf denen man sich eingehend über das Projekt informieren kann.

Hier eine Zusammenstellung häufig genannter Bedenken:

Meine Genealogie ist noch nicht fertig!
Ganz fertig wird sie sicher nie werden. Wer also warten will, bis er keine Lücken oder Unklarheiten mehr aufzuweisen hat, wird seine Daten nie veröffentlichen können. Gute Datenbankprojekte bieten die Möglichkeit, die Ergebnisse jederzeit zu aktualisieren. So kann der neueste Forschungsstand schnell und unkompliziert hochgeladen werden. Man kann Fehler korrigieren und Ergänzungen hinzufügen. Jeder Nutzer von Datenbanken sollte sich darüber im Klaren sein, dass die dort gefundenen Daten nicht immer unbedingt der Weisheit letzter Schluss, sondern der derzeitige Forschungsstand eines engagierten Mitstreiters sind.

Das sind meine Vorfahren! Was gehen meine Forschungsergebnisse andere Leute an?
Sie sind nicht der einzige Nachfahre Ihrer Vorfahren. Andere Nachfahren – also entfernte Verwandte – würden sicher gern mehr von dem erfahren, was Sie herausgefunden haben.

Wenn ich Daten im Internet veröffentliche, können andere alles einfach abschreiben.
Sicher hat man viel Zeit und Geld investiert, um an die Daten heranzukommen. Ob man im Gegenzug auch Informationen von anderen bekommt, ist nicht sicher. Womöglich wird es den einen oder anderen geben, der nur anderer Leute Ergebnisse übernehmen möchte, statt selbst etwas zu tun und beizutragen. Solche Leute sind aber hoffentlich in der Minderheit.

Warum sollte man sich aus Furcht vor Enttäuschungen dieser Art ganz und gar mit seinen Forschungsergebnissen verstecken? Die Mehrheit der Genealogen ist wohl an einem Austausch, also am gegenseitigen Geben und Nehmen interessiert. Und wenn einer schon gründlich und gut erforscht und sorgfältig dokumentiert hat – warum sollte ein anderer noch mal genau so viel Mühe in die Rekonstruktion von verwandtschaftlichen Zusammenhängen stecken? In einem solchen Fall kann man sich ja lieber zusammentun und nach einer Bestandsaufnahme gemeinsam überlegen, wo und wie man weitermachen kann. Wer nichts gibt und nichts wagt, wird auch nichts bekommen. Wer ganz sicher gehen möchte, dass andere Forscher Kontakt aufnehmen und nicht nur einfach Daten abschreiben, der lässt einfach einen Teil der Informationen weg: Man kann Notizen und Quellenangaben nicht mit veröffentlichen; man kann auch die Daten auf die bloße Angabe des Jahres verkürzen. Die derart veröffentlichten Daten sind nur Hinweise. Wer Näheres wissen will, muss sich schon an denjenigen wenden, der alles erforscht hat.

Im persönlichen Dialog kann man dann nach und nach die vollständigen Daten austauschen. Die beste Möglichkeit für vorsichtige Menschen ist die, Datenbanken zu nutzen, die nicht die Forschungsergebnisse an sich veröffentlichen, sondern nur Informationen darüber, wer an welchen Orten nach welchen Namen geforscht hat. Beispiele hierfür sind FOKO – http://foko.genealogy.net – und GeneaNet – http://www.geneanet.org.

Was ist mit dem Schutz der Privatsphäre?
Könnte jemand aus der Verwandtschaft etwas gegen die Veröffentlichung von Daten in einer Datenbank haben? Daten lebender Personen sollten grundsätzlich nicht in genealogischen Datenbanken veröffentlicht werden. Fast jedes Genealogieprogramm bietet die Möglichkeit, solche Daten herauszufiltern.

Was passiert mit meinen persönlichen Angaben (Name, Anschrift, E-Mail-Adresse)?
Seriöse Datenbankbetreiber handeln weder mit E-Mail-Adressen noch mit Daten und versichern das auch in ihren Nutzungsbedingungen. Vor unerwünschten Werbemails ist niemand 100 %ig geschützt, der seine E-Mail-Adresse öffentlich bekannt macht – sei es nun in Foren, Mailinglisten oder Newsgroups. Man kann aber durchaus mehrere E-Mail-Adressen benutzen: die Provideradresse gibt man guten Freunden und Bekannten, und für den Rest verwendet man eine Freemail-Adresse, die man zur Not auch löschen oder wechseln kann.

Gute Gründe für das Einstellen der eigenen Daten in Datenbanken – positive Folgen

Anderen helfen, die nach Daten suchen, die man schon zusammengetragen hat

In der genealogischen Gemeinschaft ist vieles möglich, allerdings nur, wenn die Bereitschaft zum Geben und zum Helfen besteht. Zeitaufwendige Doppelarbeit kann vermieden werden. Man kann Forschungsbemühungen koordinieren. Das ist dann am besten möglich, wenn Forscher offen legen, was sie bereits erforscht haben.

Daten veröffentlichen, um Hinweise und Ergänzungen von anderen Forschern zu bekommen

Möglicherweise haben andere Mitstreiter zusätzliches Material, das sie gerne mit Ihnen teilen würden. Vielleicht haben andere auch abweichende Angaben zu Ihren Vorfahren. Dies könnte ein Grund sein, dass beide Forscher ihre Angaben noch einmal überprüfen und zusammen herausfinden, welche Angaben denn nun wirklich stimmen.

Kontakt zu anderen Genealogen finden

Es stehen zahlreiche Möglichkeiten zur Verfügung, Kontakte zu anderen Genealogen zu finden. Mailinglisten, Foren und Newsgroups sind die wichtigsten davon. Wer seine Daten in Datenbanken ablegt, bekommt allerdings die einmalige Chance, Kontakt zu genau den Forschern zu finden, die interessante Daten haben, ohne vorher die gesamte mailinglistenlesende Forschergemeinde gefragt zu haben. Für Listen und Foren gibt es noch genug andere interessante Themen.

Einspeisung der Genealogie-Daten in Datenbanken als Mittel der Datensicherung

Es hat Zeit und Mühe gekostet, den Datenbestand zusammenzutragen und in ein Computerprogramm einzugeben. Leider sind Festplatten und CDs sehr anfällig für Datenverlust, sie sind auch nicht als Mittel der Langzeitarchivierung erfunden worden. Die Sicherung der kostbaren Daten auf mehrere verschiedene Arten (Papier, CD-ROM o.ä., Speicherplatz im Internet) ist daher sehr wichtig. Das Hochladen der Daten zum Gesamtdatenstand einer seriösen Datenbank darf als eine dieser Möglichkeiten betrachtet werden. Wer überall gefunden werden will und in der Lage ist, auch auf Englisch zu kommunizieren, kann auch die internationalen Datenbanken beliefern. Ansonsten kann man seine Daten deutschsprachigen Projekten zur Verfügung stellen, um von datensuchenden Forschern in Deutschland gefunden zu werden. Zwar ist kein Projekt ist 100 %ig vor Datenverlust geschützt, auch wenn die Betreiber Sicherheitsmaßnahmen durchführen. Das Beitragen der Daten zu einer Datenbank ist aber eine Möglichkeit von vielen. In manchen Fällen werden die Daten auch auf CD-ROMs gebrannt (Pedigree Resource File auf FamilySearch, FamilyTreeMaker World Online Tree).

Anderen die Früchte seiner Arbeit präsentieren

Wer würde nicht gerne voller Stolz präsentieren, was er im Hinblick auf die Erforschung seiner Familie bereits geleistet hat? Die eigene genealogische Homepage ist ein Mittel zu diesem Zweck. Es ist allerdings für andere Forscher ausgesprochen mühsam, all diese Seiten auf der Suche nach konkreten Namen und Orten durchzusehen. Der beste Weg zu ganz konkreten Informationen ist daher die umfassend und gut bestückte Datenbank.

Diese Datenbanken kann man mit den eigenen Daten beliefern:
Deutsche Datenbanken bzw. Datenbanken mit deutschsprachiger Benutzeroberfläche.
FOKO: *http://foko.genealogy.net*
GedBas: *http://gedbas.genealogy.net*
GeneaNet: *http://www.geneanet.org*

Ganz vorsichtige Menschen, die nicht zu viel von ihren Daten preisgeben möchten, sind am besten mit Datenbanken wie z. B. FOKO und GeneaNet beraten. Hier steht denjenigen, die die Datenbanken abfragen, lediglich als Information zur Verfügung, wer Daten zu welchen Familiennamen für bestimmte Orte in bestimmten Zeiträumen hat. Die Daten selbst sind nicht öffentlich verfügbar. Der Austausch mit anderen interessierten Forschern findet auf persönlicher Basis statt.

Internationale Datenbanken mit (vorwiegend) englischer Benutzeroberfläche:
Das „Rootsweb World Connect Project":
http://worldconnect.rootsweb.com
Der „Ancestry World Tree":
http://www.ancestry.de/trees/awt/main.aspx
Das „Pedigree Resource File" auf Familysearch:
http://www.familysearch.org

Nutzer des „Rootsweb World Connect Projects" haben sogar eine eigene Startseite für ihren Datenbestand innerhalb der Gesamtdatenbank.

Es lohnt sich für jeden Familienforscher, das Internet und die dort verfügbaren Genealogie-Datenbanken als zusätzliche Informationsquelle für seine Forschungen zu nutzen. Sicher gibt es für den Internet-Neuling viel zu lernen, und die scheinbar unüberschaubare Fülle von Angeboten kann am Anfang eher verwirren als nützen. Aber wenn man erst einmal erfahren hat, wie viele Informationen zur Verfügung stehen und wie viele Menschen man erreichen kann, und zwar rund um die Uhr bequem von zu Hause aus, dann möchte man wohl auch in Zukunft nicht mehr darauf verzichten.

FOKO und GedBas

Wenn man in FOKO und GedBas nicht nur suchen, sondern eigene Daten beitragen möchte, muss man sich zunächst eine Benutzerkennung zulegen. Das ist völlig kostenlos. Anmeldung hier: *http://db.genealogy.net/anmeldung* Wer schon Mitglied in einem der Deutschen Genealogie-Vereine mit Online-Mitglieder-Datenbank ist, kann dieselben Zugangsdaten auch für die o.g. Projekte der Vereins für Computergenealogie benutzen.

FOKO

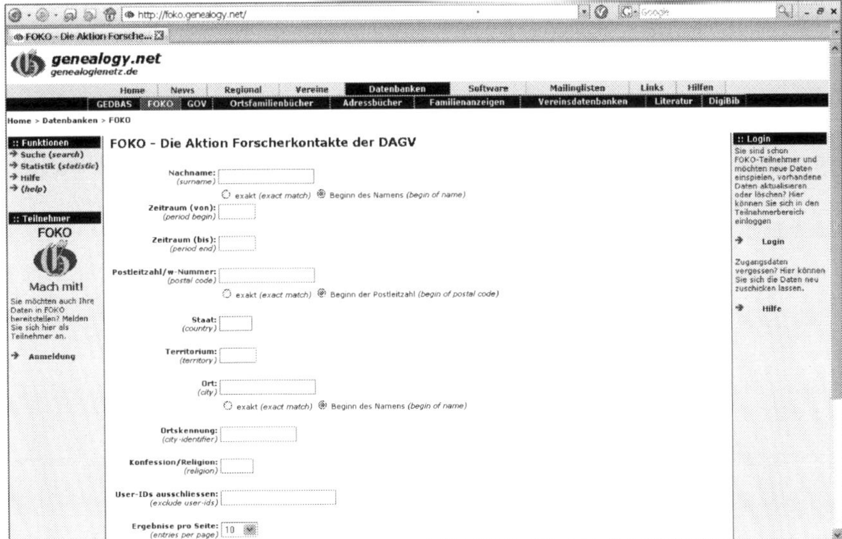

Am Anfang steht die Erstellung einer FOKO-Datei. Man benötigt dafür ein beliebiges Tabellenkalkulationsprogramm (wie MS-Excel, StarOffice, OpenOffice.org oder MS-Works). Die Datei, die einen bestimmten Aufbau haben muss, wird als sogenannte txt-Datei (mit Tabs getrennt) abgespeichert und dann ins Internet geladen. Was genau die Anforderungen sind, erfährt man im GenWiki: *http://wiki-de.genealogy.net/index.php/FOKO* Als Alternative dazu existiert noch die Schnelleingabe, bei der man einzelne FOKO-Datensätze direkt per Web-Formular eingibt. Ferner können einige Familienforschungsprogramme direkt FOKO-Daten erzeugen.

Der Zugang zum Teilnehmerbereich erfolgt hier:
http://foko.genealogy.net/user/

GedBas

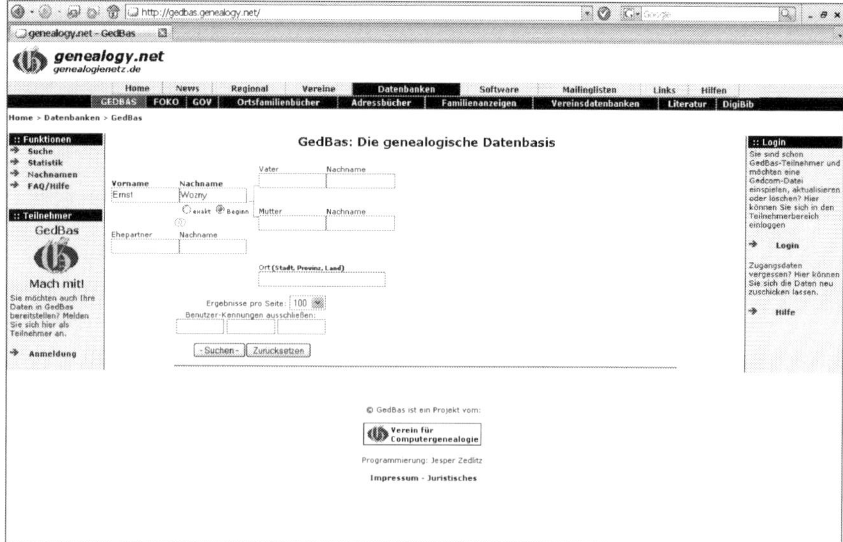

Während in FOKO nur Angaben darüber veröffentlicht werden, wer welche Familiennamen wann und wo erforscht hat, sind in GedBas konkrete Daten und Fakten online. Wer seine eigenen Ergebnisse dort einstellen möchte, muss zunächst mit seinem Genealogie-Programm eine Gedcom-Datei erzeugen. Gedcom ist ein Datenaustauschformat zur Übertragung genealogischer Daten in unterschiedliche Programm bzw. auch in Online-Datenbanken. Allerdings kann es beim Austausch von Daten zwischen unterschiedlichen Programmen trotz der vermeintlichen Standardisierung immer wieder zu Problemen kommen. Mehr zum Gedcom-Standard findet man u. a. im GenWiki:
http://wiki-de.genealogy.net/GEDCOM

Gedcom-Dateien sind im Grunde nur Text-Dateien und können auch mit beliebigen Texteditoren (Notepad, Wordpad) angesehen und ggf. verändert werden. Zur Erzeugung aber braucht man ein Genealogie-Programm. Mehr über Genealogie-Programme findet man in einem separaten Kapitel in diesem Buch.
Hat man eine oder mehrere Gedcom-Dateien erstellt, loggt man sich auf *http://gedbas.genealogy.net* mit den vorhandenen Benutzerdaten ein. Im Benutzer-Bereich gibt es den Link „Zum Upload“. Vor dem Hochladen der Datei(en) kann man noch angeben, ob die Dateien von anderen heruntergeladen oder nur angesehen werden können. Eine Übersicht über die eigenen Dateien in GedBas findet man über den Link „Meine Dateien in GedBas“. Die Dateien können jederzeit aktualisiert oder gelöscht werden. Weitere Details findet man in der GedBas-Hilfe: *http://wiki-de.genealogy.net/index.php/GedBas_FAQ*

GeneaNet

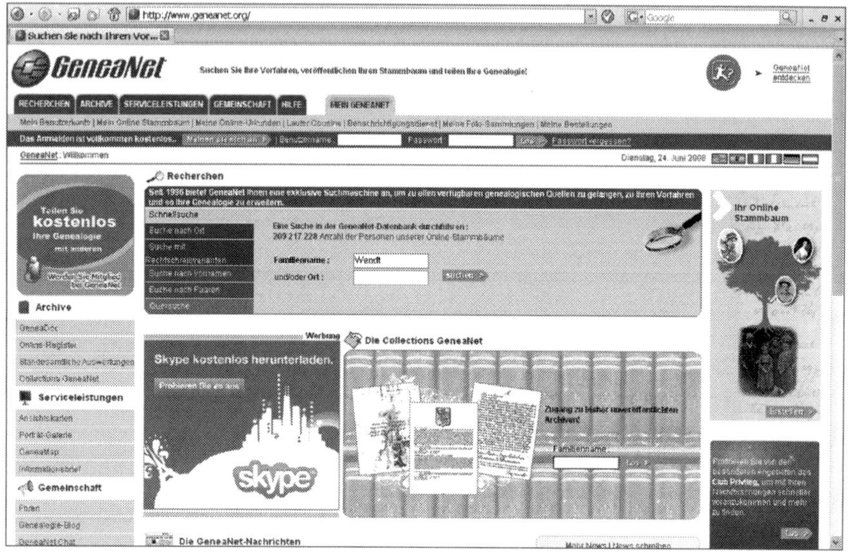

GeneaNet (*http://www.geneanet.org*) ist eine international bekannte Genealogie-Website, die in sechs Sprachen verfügbar ist: Französisch, Englisch, Spanisch, Italienisch, Deutsch und Holländisch. Anfangs wurde die Seite von Freiwilligen betrieben, später gründete man eine Aktiengesellschaft (mit Sitz in Paris), um über mehr Ressourcen verfügen und die Dienste weiter ausbauen zu können. Mittlerweile sind diese recht umfangreich. Man kann viele Dinge nutzen, ohne angemeldet zu sein. Allerdings bietet die kostenlose Anmeldung mehr Möglichkeiten. Der kostenpflichtige „Club Privileg" bietet noch mehr, ist aber vermutlich hauptsächlich für Forscher interessant, deren Vorfahren aus dem „GeneaNet-Mutterland" Frankreich kommen.

Das wichtigste GeneaNet-Angebot ist sicher die umfangreiche Genealogie-Datenbank. Ferner gibt es noch eine Porträt-Galerie und eine Datenbank alter Ansichtskarten, die jeder Benutzer mit eigenen Bildern beliefern kann. Unter dem Menüpunkt „Recherchen" werden verschiedene Suchstrategien angeboten. Unter „Gemeinschaft" befinden sich Links zu Foren, Chat und Blog. Die Übersetzung der Seiten ist mitunter etwas holprig, die Funktionen aber können sich sehen lassen. Für den Einsteiger werden Tutorials und Hilfeseiten angeboten. Auf GeneaNet kann man entweder vorhandene Gedcom-Dateien hochladen oder aber direkt online an seinem „Online-Stammbaum" arbeiten, ggf. sogar gemeinsam mit anderen Familienmitgliedern. Dazu wird auf GeneaNet das Programm GeneWeb benutzt.

Rootsweb

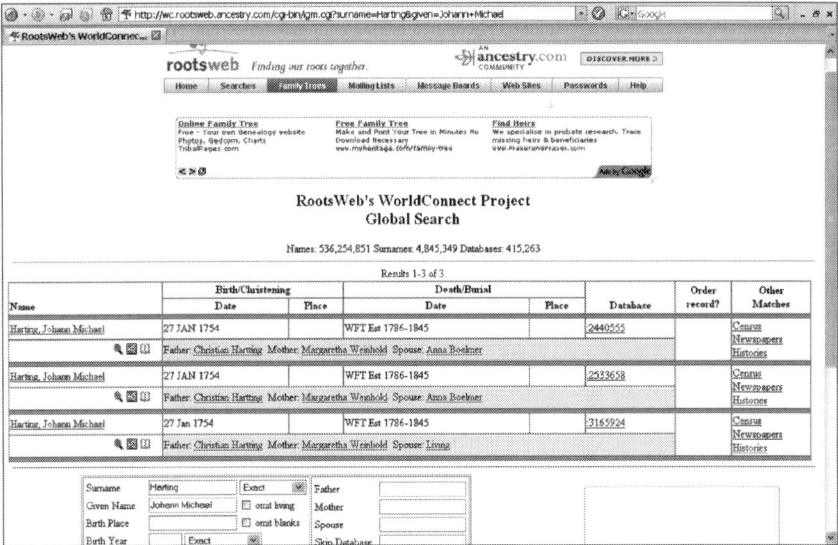

Rootsweb ist eins der ältesten Genealogie-Portale im Internet. Viele Jahre lang konnte dieses Portal – auch finanziell – nur auf der Basis von Ehrenamtlichkeit und Freiwilligkeit überleben. Mittlerweile wird Rootsweb von Ancestry.com gesponsort. Das Websitedesign bzw. die Kopfzeilen der Webseiten wurden von Ancestry.com übernommen, um eine gewisse Einheitlichkeit herzustellen. Das schon vor Jahren begonnene Datenbank-Projekt „World Connect Project" wird eigenständig weitergeführt, die Startseite ist unter *http://wc.rootsweb.ancestry.com/* zu finden.

Hier kann man sowohl Suchabfragen starten als auch Informationen erhalten, um eventuell eigene Daten beizusteuern. Allerdings ist die Benutzerführung komplett auf Englisch. Wenn das kein Problem darstellt, sollte man ruhig nicht nur nach den Forschungsergebnissen anderer suchen, sondern auch den eigenen Datenbestand hochladen. Auf diese Weise können u. U. Kontakte zu amerikanischen Forschern mit deutschen Wurzeln geknüpft werden. Auch hier wird zum Upload eine Gedcom-Datei benötigt, zu erstellen mit einem beliebigen Genealogie-Programm. Nach dem Upload kann man andere auf seine ganz persönliche Startseite innerhalb der Gesamtdatenbank hinweisen, die unter einer speziellen Adresse in der Form http://worldconnect.rootsweb.com/~**xxxx**/ zu erreichen ist (xxxx steht für den Benutzernamen).

FamilySearch

FamilySearch ist das Genealogie-Portal der Kirche Jesu Christi der Heiligen der Letzten Tage (besser bekannt unter dem Namen „Mormonen"). Die Mormonen betreiben aus religiösen Gründen Ahnenforschung und bieten daher für die Mitglieder der Kirche und die Allgemeinheit Datenbanken und Informationen an. Leider gibt es die Genealogie-Homepage bislang nur in englischer Sprache. Die wichtigsten Bereiche der Website sind die Datenbanken, zu denen man auch beitragen kann, und der Filmkatalog. In diesem Katalog findet man das gesamte Angebot mikroverfilmter Dokumente. Dazu gehören u. a. Kirchenbücher, Standesamtsunterlagen, Bürgerbücher, Gerichtsakten und vieles mehr. Die Mikrofilme kann man

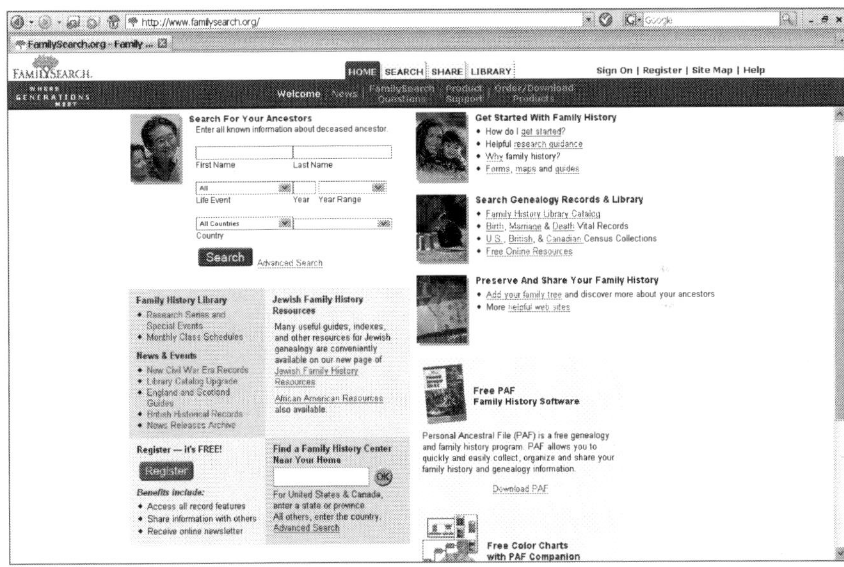

sich gegen eine Leihgebühr in die nächstgelegene Forschungsstelle bestellen und dort für den Zeitraum von etwa drei Monaten auswerten. Genealogie-Forschungsstellen gibt es in allen größeren Städten in Deutschland und anderen europäischen Ländern bzw. weltweit.

Auf FamilySearch gibt es nicht nur eine Datenbank, sondern mehrere. Man kann sie aber alle auf einen Rutsch durchsuchen, wenn man möchte. Wer seine eigenen Daten hochladen möchte, muss sich auch hier zunächst eine Benutzerkennung zulegen, sich einloggen und dann die vorher vorbereitete Gedcom-Datei hochladen. Diese wird Teil des „Pedigree Resource File", das online zu finden ist, und zusätzlich auf CDs veröffentlicht wird. Auf den CDs befinden sich über die online vorhandenen Basis-Angaben hinaus noch Notizen und Quellenangaben, sofern die Einreicher diese mitgeliefert hatten.

Ancestry

Ancestry.de gehört zu einem weltweiten Netzwerk, das über diverse Einstiegsseiten für die verschiedenen Länder bzw. Sprachen verfügt. Seit 2006 wird ein eigenes Büro in München betrieben, die europäische Hauptniederlassung befindet sich in Luxemburg. Die Muttergesellschaft ist die US-Firma „Ancestry.com Inc." mit Sitz in Provo, USA.

Auch auf Ancestry hat man unterschiedliche Möglichkeiten, abhängig davon, ob man die Seite nur als Gast, mit einem kostenlosen oder mit einem kostenpflichtigen Zugang benutzt. An vielen Stellen bzw. während der Recherche auf der Site wird man aufgefordert, sich zumindest kostenfrei zu registrieren, um auf bestimmte Informationen zugreifen zu können. Der Zugriff auf die online abrufbaren Originaldokumente ist in der Regel aber nur nach Anmeldung zum kostenpflichtigen Premium-Service möglich. Hin und wieder sind Teile der Dokumente für einen begrenzten Zeitraum frei zugänglich. Für Nutzer in den USA gibt es verschiedene Abo-Modelle. Deutsche Benutzer können wählen zwischen dem Premium-Service Deutschland und dem Premium-Service International Deluxe, jeweils im Monatsabo bzw. einmalig für nur einen Monat.

Die Ancestry-Community, das Infocenter und der Familienstammbaum online stehen aber auch bereits Nutzern zur Verfügung, die lediglich einen kostenfreien Zugang besitzen.

Die eigene Homepage

Die Gestaltung einer eigenen Homepage

Eine einfache Homepage – eher in Form einer Visitenkarte – kann man sich formulargesteuert mit sogenannten Homepage-Generatoren erstellen. Zur Gestaltung der Homepage stehen fertige Elemente zur Verfügung (Hintergrundgrafiken, Banner, Linien), alle Elemente werden durch Ausfüllen eines Formulars festgelegt. Ein Homepage-Generator speziell für Genealogen wird vom Verein für Computergenealogie online zur Verfügung gestellt: *http://www.genealogy.net/privat/homepage-creator.html*

Webspeicherplatz für die eigene Homepage bekommt man entweder von Providern oder von Anbietern von kostenlosem Speicherplatz. Bei den kostenlosen Angeboten müssen in der Regel Werbebanner in Kauf genommen werden. Bei einigen Anbietern werden unerfahrenen Homepagebastlern Hilfen angeboten wie vorgefertigte Layouts, ein Homepagestudio oder ein Homepage-Assistent. Diese Hilfen machen es Anwendern auch ohne HTML-Kenntnisse möglich, vorgefertigte Elemente auf ihre Homepage zu übernehmen. Ansonsten führen mehrere Wege zur eigenen Homepage:

- HTML (die Seitenbeschreibungssprache des Internets) lernen
- Einen HTML-Editor benutzen
- Einen Fachmann mit der Gestaltung der Seiten beauftragen

HTML kann man nicht nur aus Büchern lernen, sondern auch im Internet selbst, wo zahlreiche Anleitungen dafür zur Verfügung stehen. Außerdem gibt es unzählige Internetseiten, die alles anbieten, was der Homepagebastler braucht (oder auch nicht!): Hintergrundbilder, Grafiken, Skripte … Auch Elemente wie Gästebücher, Foren und Zähler („Counter") werden überall angeboten.

Hier einige wichtige Seiten für Webmaster im Überblick:
SELFHTML, HTML-Dateien selbst erstellen: *http://selfhtml.org/*
Ideenreichs Online Magazin Dr.Web: *http://www.drweb.de/*

Einen guten Überblick über viele weitere nette Dinge, die im Internet kostenlos zu bekommen sind (nicht nur für Webmaster) bieten Seiten wie die folgenden:
Kostenlos.de: *http://kostenlos.de*
Nulltarif.de: *http://www.nulltarif.de*
Kostnixx.de: *http://www.kostnixx.de.*

Einfache (ältere) Editoren waren Frontpage Express und der Netscape Composer, jeweils im Lieferumfang der früheren Browserversionen (Internet Explorer 4 und Netscape Navigator) enthalten. Mittlerweile ist die Internet-Programmlandschaft unübersichtlicher geworden.

Der viel genutzte Browser Firefox ist lediglich ein Browser zum Anzeigen von Internetseiten – und kein Programmpaket mit integriertem E-Mail-Programm, Adressbuch und HTML-Editor. Das ist Folge einer Entscheidung der Entwickler der Mozilla Application Suite im Jahr 2002. Von da an gab es lediglich Einzel-Komponenten, Firefox als Browser, Thunderbird als E-Mail-Programm und

die HTML-Editoren Nvu bzw. KompoZer. Nvu ist eine Weiterentwicklung der Mozilla-Suite-Komponente Composer. Damit kann jeder ohne HTML-Kenntnisse Webseiten erstellen und verwalten. Allerdings tat sich eine Gruppe freiwilliger Softwareentwickler zusammen, welche die Fortführung der Mozilla Application Suite übernahm. Die Anwendung heißt nun SeaMonkey.
(http://www.seamonkey-project.org/)

Leistungsfähigere Editoren sind für jeden Geldbeutel zu haben; die den Computerzeitschriften beiliegenden CD-ROMs enthalten oft ältere Versionen solcher Programme. Ein wenig Zeit und ein wenig Geschick sind schon nötig, um eine schöne Genealogie-Homepage zu erstellen. Dafür hat man dann hinterher aber auch ein persönliches Medium, in dem man alle die Informationen veröffentlichen kann, die man anderen Forschern mitteilen möchte, eine Plattform für die Geschichte der eigenen Familie und ein Forum für alle interessierten Familienmitglieder.

Bevor man selbst ans Werk geht, sollte man sich ruhig einmal umsehen, wie andere Ahnenforscher ihre Ergebnisse im Netz präsentieren.

Übersichten über private Genealogieseiten findet man u. a. hier:
Biggis List – Linksammlung rund um die Familienforschung im Internet:
http://wiki-de.genealogy.net/Biggis_List
Im Yahoo-Webverzeichnis:
http://de.dir.yahoo.com/Forschung_und_Wissenschaften/Geisteswissenschaften/Geschichte/Genealogie/
Im Bellnet-Internetverzeichnis:
http://bellnet.de/suchen/hobby/genealog.htm
Ahnenforschungen – der Katalog:
http://ahnenforschungen.de/genlink/

Ein paar grundlegende Tipps für Homepagebastler:

- Die Webseiten regelmäßig aktualisieren.
- Klare Strukturen und gute Navigationsmöglichkeiten anbieten.
- Treffende Formulierungen für die einzelnen Kategorien wählen.
- Zueinander passende Farben wählen und auf ausreichende Kontraste achten.
- Längere Passagen durch Absätze und Zwischenüberschriften unterteilen.
- Die Seiten nicht mit Grafiken und Animationen überladen.

Was man alles falsch machen kann, findet man u.a. in den „goldenen Regeln für schlechtes HTML“:
http://www.karzauninkat.com/Goldhtml/

Die Homepage bekannt machen

Was nützt die schönste Homepage, wenn keiner sie besucht? Nichts! Werbung für die eigene Seite ist also angesagt, allerdings möglichst nicht derart übertrieben, dass es einfach nur nervt. Hier ist daher Fingerspitzengefühl gefragt. Man kann seine Internet-Seite in der Mailsignatur mit aufführen, man kann Neuerungen auf der eigenen Website durchaus in Mailinglisten und Foren bekanntgeben. Man muss es aber nicht jede Woche tun bzw. bei jeder kleinsten Veränderung.

Es gibt eine eigene Mailingliste für Genealogen mit Homepage, auf der alle technischen und inhaltlichen Fragen besprochen werden können. Man findet sie unter:
http://list.genealogy.net/mailman/listinfo/homepages-L

Ansonsten kann man seine Homepage auch in Webkatalogen und -verzeichnissen anmelden und für Suchmaschinen optimieren, so dass sie auch von „Zufallsbesuchern“ gut gefunden wird, die sich noch gar nicht intensiv mit Familienforschung befassen, sondern einfach mal schauen wollen, was zu ihrem Namen alles im Internet zu finden ist.

Deutsche Webkataloge:
Web.de: *http://dir.web.de/*
Yahoo: *http://de.yahoo.com/*
Bellnet: *http://www.bellnet.com/*
Allesklar.de: *http://www.allesklar.de/*
Dino-Online: *http://www.dino-online.de/*
Dmoz Open Directory Project: *http://www.dmoz.org/World/Deutsch/*

Kataloge für Ahnenforscher:
Ahnenforschung.Net: *http://www.ahnenforschung.net*
Ahnenforschungen – der Katalog:
http://ahnenforschungen.de/genlink/
Biggis List – Linksammlung rund um die Familienforschung im Internet: *http://wiki-de.genealogy.net/Biggis_List*
Cyndi's List – der große internationale Webkatalog:
http://www.cyndislist.com

Bevor man seine Genealogie-Homepage in Katalogen und Verzeichnissen anmeldet, sollte man folgende Informationen zusammentragen:

- die genaue Adresse (URL) der Seite
- eine kurze Überschrift
- einen kurzen Beschreibungstext

Im beschreibenden Text können alle wichtigen Elemente der Homepage und die Forschungsgebiete bzw. die wichtigsten Namen genannt werden. Der Text sollte so verfasst sein, dass er längere Zeit aktuell bleibt. Allzu konkrete Angaben sind daher unvorteilhaft (z. B.: „Datenbank mit 1522 Namen". Es könnten schon morgen mehr sein!)

Im Rahmen dieses Buches können all die vielen Fragen, die im Zusammenhang mit einer Homepage stehen, leider nur angerissen werden. Das umfangreiche technische Wissen findet der Leser in anderen Publikationen zum Thema Homepage bzw. auch im Internet selbst. Es sollen hier nur noch einige Hinweise gegeben werden, die sich speziell auf die Genealogie-Homepage beziehen.

Wer die Namen und Daten seiner Vorfahren auf seiner Homepage präsentieren möchte, kann all die Angaben per Hand zusammenstellen oder auf andere Möglichkeiten zurückgreifen, die die Arbeit ein wenig erleichtern. Einige Genealogie-Programme haben die Möglichkeit, HTML-Seiten auszugeben, bereits integriert. Weiterhin gibt es so genannten Gedcom-to-HTML-Konverter, die aus einer Gedcom-Datei HTML-Seiten erstellen, die man einfach nur noch ins Web hochladen muss. Natürlich kann man sie vorher auch noch nachbearbeiten, wenn man sich damit ein wenig auskennt. In jedem Fall spart man einiges an Aufwand. Und es ist ja auch durchaus möglich, beides – das manuelle und das automatische Erstellen von Webseiten – zu kombinieren. Man entwirft beispielsweise schön gestaltete Einstiegs- oder Zusatzseiten, den Rest lässt man aber programmgesteuert vorbereiten.

In der Regel kann man bei der Generierung von Webseiten „auf Knopfdruck" sogar noch einige Dinge selbst festlegen, einen Hintergrund vielleicht oder die enthaltenen Elemente.

Programme mit HTML-Funktion – eine Auswahl:
Kostenlose Programme:
Ahnenblatt: http://www.ahnenblatt.de
Familienbande: *http://www.familienbande-genealogie.de/*
Legacy Family Tree (Standard): *http://www.legacyfamilytree.de/*
Personal Ancestral File (PAF): *http://www.familysearch.org/eng/paf/*
PC-AHNEN 2006: *http://www.pcahnen.de/*

Kostenpflichtige Programme:
Ahnen-Chronik: *http://www.ahnen-chronik.de/*
GES-2000: *http://www.ges-2000.de/*
GFAhnen: *http://www.gfahnen.de/*
Legacy Family Tree (DeLuxe): *http://www.legacyfamilytree.de/*

Gedcom-to-HTML-Konverter:
The Dynamic Family Tree Compiler: *http://www.dftcom2.co.uk/*
GED Browser: *http://www.misbach.org/gedbrowser/*
GedHTree: *http://www.gedhtree.com/*
Gedpage: *http://www.frontiernet.net/~rjacob/gedpage.htm*
Ged2WWW: *http://www.lesandchris.com/ged2www/*
Ged4Web: *http://www.ged4web.com/*

Programme mit Besonderheiten:

PhpGedView
Aus dem Artikel über PhpGedView im GenWiki
(*http://wiki-de.genealogy.net/PhpGedView*):

„PhpGedView ist eine Genealogie-Software mit einem Web-Interface. PhpGedView kann als klassische Genealogie-Software – ohne am Netzwerk oder Internet etc. angeschlossen zu sein – oder auch als Webservice im Internet/Netzwerk genutzt werden. Gedcom Im- und Export möglich. Es erlaubt neben der Darstellung der Daten auch eine Bearbeitung von mehreren Nutzern (mit entsprechender User-Verwaltung) oder eine Verlinkung von Daten zwischen verschiedenen Installationen."

TNG

Aus dem Artikel über TNG im GenWiki (*http://wiki-de.genealogy.net/TNG*):

„TNG ist eine Genealogie-Software, die nicht auf dem häuslichen PC läuft, sondern auf dem Web-Server des Internet-Providers. Damit sind die Ergebnisse der genealogischen Forschungen im World Wide Web für alle Internet-Teilnehmer verfügbar, sofern sie die entsprechende Berechtigung besitzen. Dazu werden die auf dem häuslichen Rechner erzeugten Daten als Gedcom-Datei in die Datenbank auf dem Web-Server eingelesen. Alternativ kann man TNG auch als ‚stand-alone' Genealogie-Programm zur Erfassung und Bearbeitung der Daten einsetzen; hierzu steht eine komfortable Browser-Oberfläche zur Verfügung. Dies bietet sich insbesondere an, wenn man von verschiedenen Rechnern aus den Datenbestand bearbeiten möchte bzw. wenn mehrere, räumlich verteilte Anwender einen gemeinsamen Datenbestand bearbeiten möchten (z.B. Familienmitglieder, Forschergemeinschaft).

Mit der zentralen Speicherung der genealogischen Daten auf dem Web-Server ist das Problem beseitigt, dass nur ein Familienmitglied eine aktuelle Version der Familiendaten verwaltet, während alle anderen mit womöglich veralteten Kopien dieser Daten arbeiten. Das Ändern von Daten mit PC-basierten Programmen von mehreren Beteiligten war bisher mit hohem Koordinierungsaufwand verbunden. Nun bietet TNG mit der Datenbank auf dem Web-Server einen ‚single point of truth', d.h. einen einzigen, für alle Berechtigten einsehbaren Stand der Familiendaten, auch wenn mehrere Personen ändern."

GeneWeb
Aus dem Artikel über GeneWeb im GenWiki (*http://wiki-de.genealogy.net/GeneWeb*):

„GeneWeb ist eine Genealogie-Software mit einem Web-Interface. GeneWeb kann als klassische Genealogie-Software – ohne am Netzwerk oder Internet etc. angeschlossen zu sein – oder auch als Webservice im Internet/Netzwerk genutzt werden."

Mit allen drei Programmen – PhpGedView, TNG und GeneWeb – stehen dem technisch versierten Nutzer und seiner Verwandtschaft also komplexe Möglichkeiten der Zusammenarbeit und der Darstellung im Internet offen.

Die Links zu diesen Programmen im Überblick:
PhpGedView: *http://www.phpgedview.net/de/*
TNG: *http://lythgoes.net/genealogy/software.php*
GeneWeb: *http://cristal.inria.fr/~ddr/GeneWeb/de/index.html*

Aber auch wer in technischer Hinsicht nicht derartig versiert ist, muss nicht verzweifeln. Er kann ja stattdessen auf die Online-Systeme auf Verwandt.de oder anderen Familiennetzwerken, auf GeneaNet oder Ancestry zurückgreifen.

Anhang

Jede Generation lächelt über die Väter,
lacht über die Großväter
und bewundert die Urgroßväter.

William Somerset Maugham
(engl. Dramatiker, 1874–1965)

Wichtige Anschriften

Anschriften genealogischer Vereine und Organisationen (eine Auswahl)

Arbeitsgemeinschaft für mitteldeutsche Familienforschung e.V.
c/o Günther Unger
Berliner Str. 31a, 47533 Kleve
vorstand@amf-verein.de
http://amf.genealogy.net/

Arbeitsgemeinschaft für Saarländische Familienkunde e.V.
c/o Norbert Emanuel
Hebbelstr. 3, 66346 Püttlingen
asf.ev@online.de
http://www.saar-genealogie.de/

Arbeitsgemeinschaft Genealogie Magdeburg
Thiemstr. 7, 39104 Magdeburg
Horst.Koetz@t-online.de
http://ag-magdeburg.genealogy.net

Arbeitsgemeinschaft Genealogie Thüringen e.V.
Martin-Andersen-Nexö-Str. 62, 99096 Erfurt
AG-Thueringen@gmx.de
Arbeitsgemeinschaft ostdeutscher Familienforscher e.V.
c/o Detlef Kühn
Ritterfelddamm 219, 14089 Berlin
schriftfuehrer@agoff.de
http://www.agoff.de/

Arbeitskreis donauschwäbischer Familienforscher (AKdFF) e.V.
Goldmühlestr. 30, 71065 Sindelfingen
akdff@haus-donauschwaben.de
http://akdff.genealogy.net/

Arbeitskreis Familienforschung Ahlen und Umgebung e.V.
c/o Norbert Mende
Fritz-Winter-Weg 23, 59227 Ahlen
http://www.ahlengen.de/

Arbeitskreis Familienforschung Osnabrück e.V.
c/o Rita Kröger
An der Egge 16, 49191 Belm
post@osfa.de
http://www.osfa.de/

Arbeitskreis für Familienforschung e.V. Lübeck
Mühlentorplatz 2 (Mühlentorturm), 23552 Lübeck

Arbeitskreis für Familienforschung im Hagener Heimatbund e.V.
Eilper Str. 71, 58091 Hagen

Arbeitskreis für Siebenbürgische Landeskunde e.V.
Abteilung Genealogie Schloß Horneck
74831 Gundelsheim
info@siebenbuergen-institut.de
http://www.siebenbuergische-familienforschung.de/

Bayerischer Landesverein für Familienkunde e.V.
Metzstraße 14 b, 81667 München
Tel. 089 41118281
http://www.genealogie-bayern.de/

Bergischer Verein für Familienkunde e.V. (BVfF)
c/o Lutz von Scheidt
Gennebrecker Str. 91 D, 42279 Wuppertal
vorstand@bvff.de
http://www.bvff.de/

Brandenburgische Genealogische Gesellschaft – Roter Adler e.V.
Postfach 60 03 13, 14403 Potsdam
http://www.bggroteradler.de/

Bund der Familienverbände e.V.
Rektoratsweg 123/25, 48159 Münster
info@familienverbaende-bdf.de
http://www.familienverbaende-bdf.de

Deutsche Arbeitsgemeinschaft genealogischer Verbände e.V. (DAGV)
Postfach 60 05 18, 14405 Potsdam
info@dagv.org
http://www.dagv.org

Deutsche Hugenotten-Gesellschaft e.V.
Deutsches Hugenotten-Zentrum
Hafenplatz 9 a, 34385 Bad Karlshafen
info@hugenotten.de
http://www.hugenotten.de/

Deutsche Zentralstelle für Genealogie
Schongauer Strasse 1, 04328 Leipzig

„Die Maus“
Gesellschaft für Familienforschung e.V.
Am Staatsarchiv 1/Fedelhören (Staatsarchiv), 28203 Bremen
maus@genealogienetz.de
http://maus.genealogy.net/

Dresdner Verein für Genealogie e.V.
Postfach 19 25 03, 01283 Dresden
kontakt@dresden-genealogieverein.de
http://www.dresden-genealogieverein.de/

Düsseldorfer Verein für Familienkunde e.V.
Krummenweger Str. 26, 40880 Ratingen
dvff@arcor.de
http://www.dvff.de.vu/

Emsländische Landschaft
Arbeitskreis Familienforschung
Grafenstr. 11, 49828 Neuenhaus
buecherei@ehb-emsland.de
http://www.emslaendische-landschaft.de/

Familienkundliche Arbeitsgemeinschaft der
„Männer vom Morgenstern“

Heimatbund an Elb- und Wesermündung e.V.
An der Packhalle V, Abt. 1, 27572 Bremerhaven
familienkunde@m-v-m.de
http://www.m-v-m.de/

Familienkundliche Gesellschaft für Nassau und Frankfurt e.V.
Mosbacher Str. 55 (Hessisches Hauptstaatsarchiv)
65187 Wiesbaden
familienkunde.nassau@email.de
http://fgnff.genealogy.net/

Institut für Personengeschichte
Hauptstraße 65, 64625 Bensheim
institut@personengeschichte.de
http://www.personengeschichte.de/

Genealogische Gesellschaft Hamburg e.V.
Postfach 30 20 42, 20307 Hamburg
genealog-ham@gmx.de
http://gghh.genealogy.net

Genealogischer Verein Chemnitz e.V.
Postfach 71 01 54, 09056 Chemnitz
vorstand@gv-chemnitz.de
http://www.gv-chemnitz.de/

Genealogisch-Heraldische Gesellschaft Göttingen e.V.
Postfach 2062, 37010 Göttingen
ghgg@genealogy.net
http://ghgg.genealogy.net

Gesellschaft für Familienforschung in der Oberpfalz e.V.
c/o Max Pöppl
Rachelstr. 12, 93059 Regensburg
http://gfo.genealogy.net/

Gesellschaft für Familienforschung in Franken e.V.
Archivstr. 17 (Staatsarchiv), 90408 Nürnberg
info@gf-franken.de
http://www.gf-franken.de/

Gesellschaft für Familienkunde in Kurhessen und Waldeck e.V. (GFKW)
Postfach 101346, 34013 Kassel
info@gfkw.de
http://www.gfkw.de/

Gesellschaft für ostmitteleuropäische Landeskunde und Kultur e.V.
c/o Klaus-Dieter Kreplin
Zum Nordhang 5, 58313 Herdecke

Gruppen Familien- und Wappenkunde in der Stiftung Bahn-Sozialwerk (GFW/BSW)
Pasadenaallee 3 (Hauptbahnhof), 67059 Ludwigshafen
BSWArchiv@aol.com
http://gfw.genealogy.net

HEROLD
Verein für Heraldik, Genealogie und verwandte Wissenschaften
Archivstr. 11, 14195 Berlin (Dahlem)
http://www.herold-verein.de

Hessische familiengeschichtliche Vereinigung e.V. (HFV)
Karolinenplatz 3 (Staatsarchiv), 64289 Darmstadt
hfv@haus-der-geschichte.com
http://hfv.genealogy.net/

Historische Masurische Vereinigung
c/o Marc Plessa
Sendnicher Straße 15, 56072 Koblenz-Rübenach
info@historische-masurische-vereinigung.de
http://www.historische-masurische-vereinigung.de/

Leipziger Genealogische Gesellschaft e.V.
Bahnhofstraße 95, 04158 Leipzig
info@lgg-leipzig.de
http://www.lgg-leipzig.de/

Mosaik – Familienkundliche Vereinigung für das Klever Land e.V.
Lindenallee 54, 47533 Kleve
info@mosaik-kleve.de
http://www.mosaik-kleve.de/

Niedersächsischer Landesverein für Familienkunde e.V.
Am Bokemahle 14-16 (Stadtarchiv), 30171 Hannover
http://www.familienkunde-niedersachsen.de

Oldenburgische Gesellschaft für Familienkunde
Lerigauweg 14, 26131 Oldenburg
ogf@familienkunde-oldenburg.de
http://ogf.genealogy.net/

Pfälzisch-Rheinische Familienkunde e.V.
Rottstraße 17, 67061 Ludwigshafen
prfk-lu@gmx.de
http://prfk.genealogy.net/

Pommerscher Greif e.V.
c/o Sabine Czekalski
Heinrich-Heine-Straße 4, 10179 Berlin
http://www.pommerscher-greif.de/

Roland zu Dortmund e.V.
Postfach 40 12, 58222 Schwerte
info@rolandgen.de
http://www.rolandgen.de/

Salzburger Verein e.V.
Memeler Str. 35 (Wohnstift Salzburg), 33605 Bielefeld
salzburgerverein@compuserve.de
http://salzburger.homepage.t-online.de/

Schleswig-Holsteinische Familienforschung e.V.
Postfach 3809, 24037 Kiel
shfam@genealogy.net
http://shfam.genealogy.net/

Schweizerische Gesellschaft für Familienforschung (SGFF)
c/o Therese Metzger
Sägegasse 73, 3110 Münsingen
Schweiz
http://www.sgffweb.com/

Upstalsboom-Gesellschaft für historische Personenforschung und Bevölkerungsgeschichte in Ostfriesland e.V.
Fachstelle in der Landschaftsbibliothek
Fischteichweg 16, 26603 Aurich
Upstalsboom-Gesellschaft@t-online.de
http://www.upstalsboom.org/

Verein für Familienforschung in Ost- und Westpreußen e.V.
c/o Reinhard Wenzel
An der Leegde 23, 29223 Celle
http://vffow.genealogy.net/

Verein für Familien- und Wappenkunde in Württemberg und Baden e.V.
Postfach 105441, 70047 Stuttgart
wappen@wlb-stuttgart.de
http://vfwkwb.genealogy.net/

Verein für mecklenburgische Familien- und Personengeschichte e.V. (MFP)
c/o Prof. Dr. Hans-Dietrich Gronau
Fliederhof 2, 18107 Elmenhorst-Lichtenhagen
vorstand@mfpev.de
http://www.mfpev.de/

Verein für Computergenealogie e.V.
c/o Klaus-Peter Wessel
Lampehof 58, 28259 Bremen
compgen@genealogy.net
http://compgen.genealogy.net/

Vereinigung Sudetendeutscher Familienforscher e.V.(VSFF)
Postfach 110643, 93019 Regensburg
e.grund@gmx.de
http://www.vsff.de/

Westdeutsche Gesellschaft für Familienkunde e.V. (WGfF)
Unter Gottes Gnaden 34, 50859 Köln-Widdersdorf
wgff@genealogy.net
http://wgff.genealogy.net/

Westfälische Gesellschaft für Genealogie und Familienforschung
c/o LWL-Archivamt für Westfalen
Jahnstraße 26, 48147 Münster
gesellschaft@wggf.de
http://www.westfalengen.de/

Zentralstelle für Personen- und Familiengeschichte
Bolongaro-Palast
Bolongaro-Strasse 109, 65292 Frankfurt/Main (Höchst)

Wichtige Internetseiten im Überblick

Die wichtigsten Links im Überblick

Genealogie allgemein (Informationsseiten, Portale):
Genealogienetz: *http://www.genealogienetz.de*
Ahnenforschung.Net: *http://www.ahnenforschung.net*
Computergenealogie: *http://www.computergenealogie.de*
Wikipedia-Artikel „Genealogie“:
http://de.wikipedia.org/wiki/Genealogie

Datenbanken:

deutsch:

Überblick über die Datenbanken des Vereins für Computergenealogie: *http://wiki-de.genealogy.net/Portal:Datenbanken*
GedBas – die genealogische Datenbasis:
http://gedbas.genealogy.net/
FOKO – Aktion Forscherkontakte: *http://foko.genealogy.net/*
GOV – Genealogisches Ortsverzeichnis: *http://gov.genealogy.net/*
Online-Ortsfamilienbücher: *http://www.ortsfamilienbuecher.de/*
Adressbuch-Datenbank: *http://www.adressbuecher.net/*
Familienanzeigen aus Tageszeitungen:
http://db.genealogy.net/familienanzeigen
Vereinsdatenbanken: *http://db.genealogy.net/*
„Familiengeschichtliche Bibliografie" der DAGV:
http://famlit.genealogy.net/

international:

FamilySearch: *http://www.familysearch.org*
Ancestry: *http://www.ancestry.com*
Rootsweb: *http://www.rootsweb.com*
GeneaNet: *http://www.geneanet.org*
WorldVitalRecords.com: *http://www.worldvitalrecords.com*

Online-Stammbäume:

Verwandt.de: *http://www.verwandt.de*
FamilyLink: *http://www.familylink.com/*
Geni: *http://www.geni.com/*
KinCafe: *http://www.kincafe.com/*
Kindo: *http://www.kindo.com/*
OneGreatFamily: *http://www.onegreatfamily.com/*
Zooof: *http://www.zooof.com/*

Erfahrungsaustausch:
Mailinglisten:
Mailinglisten bei genealogy.net (deutsch): *http://list.genealogy.net/*
Mailinglisten bei Rootsweb (international): *http://lists.rootsweb.ancestry.com/*

Foren:
Foren auf Ahnenforschung.Net (deutsch):
http://forum.ahnenforschung.net
Foren bei genealogy.net (deutsch): *http://forum.genealogy.net*
Heraldik-Forum (deutsch): *http://www.heraldik-wappen.de/*
Ancestry Message Boards (international): *http://boards.ancestry.com/*

Genealogie-Software:
Überblick über Genealogie-Software im GenWiki:
http://wiki-de.genealogy.net/Kategorie:Genealogiesoftware

Veranstaltungen:
Veranstaltungskalender mit Terminen zum Thema Familienforschung:
http://wiki-de.genealogy.net/Portal:Genealogische_Veranstaltungen
Genealogentag: *http://www.genealogentag.de*

Archive:
Wikipedia-Portal Archivwesen:
http://de.wikipedia.org/wiki/Portal:Archivwesen
Linkliste Archive im Internet:
http://www.archivschule.de/content/59.html
Bundesarchiv online: *http://www.bundesarchiv.de/*

Österreichisches Staatsarchiv: *http://www.oesta.gv.at/*
Schweizerisches Bundesarchiv: *http://www.bundesarchiv.ch/*
Staatsarchive in Deutschland: *http://www.staatsarchive.de/*

Landesarchiv Baden-Württemberg: *http://www.landesarchiv-bw.de/*
Die staatlichen Archive in Bayern: *http://www.gda.bayern.de/*
Landesarchiv Berlin: *http://www.landesarchiv-berlin.de/*
Brandenburgisches Landeshauptarchiv:
http://www.landeshauptarchiv-brandenburg.de/
Staatsarchiv Bremen: *http://www.staatsarchiv.bremen.de/*
Staatsarchiv Hamburg: *http://www.staatsarchiv.hamburg.de/*
Hessisches Hauptstaatsarchiv: *http://www.hauptstaatsarchiv.hessen.de/*
Niedersächsisches Landesarchiv:
http://www.staatsarchive.niedersachsen.de/
Mecklenburg-Vorpommern: *http://www.kulturwerte-mv.de/*
Archive in Nordrhein-Westfalen: *http://www.archive.nrw.de/*
Archivportal für den Südwesten: *http://www.archiverlp.de/*
Archiv des Saarlandes: *http://www.saarland.de/landesarchiv.htm*
Archivwesen in Sachsen: *http://www.archiv.sachsen.de/*
Sachsen-Anhalt:
http://de.wikipedia.org/wiki/Landeshauptarchiv_Sachsen-Anhalt
Landesarchiv Schleswig-Holstein:
http://www.landesarchiv.schleswig-holstein.de
Staatsarchive in Thüringen:
http://www.thueringen.de/de/staawesentsarchive/

Alte Bücher – Antiquariat:
Zentrales Verzeichnis antiquarischer Bücher: *http://www.zvab.com*
AbeBooks.de: *http://www.abebooks.de/*
Booklooker.de: *http://www.booklooker.de/*
Eurobuch.com: *http://www.eurobuch.com/*

Bibliotheken und Bibliothekskataloge:
Karlsruher Virtueller Katalog KVK:
http://www.ubka.uni-karlsruhe.de/kvk.html

Gemeinsamer Bibliotheksverbund (GBV): *http://www.gbv.de/*
Kooperativer Bibliotheksverbund Berlin-Brandenburg (KOBV): *http://www.kobv.de/*
Nordrhein-westfälischer Bibliotheksverbund: *http://www.hbz-nrw.de/*
Hessisches BibliotheksInformationsSystem (HeBIS): *http://www.hebis.de/*
Südwestdeutscher Bibliotheksverbund (SWB): *http://www.swbv.uni-konstanz.de/*
Bibliotheksverbund Bayern (BVB): *http://www.bib-bvb.de/bvb.htm*

Vereine und Institutionen:
Portal Vereine im GenWiki: *http://wiki-de.genealogy.net/Portal:Vereine*
Liste genealogischer Vereine im deutschsprachigen Raum: *http://wiki-de.genealogy.net/Kategorie:Genealogische_Institution*

Auswanderung:
„Forschungsstelle Deutsche Auswanderer in den USA" DAUSA: *http://www.dausa.de*
Bremer Passagierlisten 1920–1939: *http://www.bremer-passagierlisten.de*
Ballinstadt – Auswandererwelt Hamburg: *http://www.ballinstadt.de*
Deutsches Auswandererhaus Bremerhaven: *http://www.dah-bremerhaven.de*
Deutsche Auswanderer-Datenbank: *http://www.deutsche-auswanderer-datenbank.de*
Projekt „Auswanderer nach Amerika": *http://immigrants.byu.edu/*

Ellis Island Datenbank: *http://www.ellisislandrecords.org*
Immigrant Ships Transcribers Guild (ISTG): *http://www.immigrantships.net*

Geschichte:
Nachrichtendienst für Historiker: *http://www.historiker.de*
Internet-Fachportal zur Geschichte: *http://www.clio-online.de/*
Portal Geschichte in der Wikipedia:
http://de.wikipedia.org/wiki/Portal:Geschichte

Namenkunde, Verbreitung von Familiennamen:
Namenkunde, Namenforschung: *http://www.onomastik.com/*
Geogen (= geographische Genealogie):
http://christoph.stoepel.net/geogen/v3/
GenWiki-Artikel über die geografische Verteilung von Familiennamen: *http://wiki-de.genealogy.net/Geografische_Verteilung_von_Familien namen*

Schriftenkunde:
Alte deutsche Schriften: *http://www.suetterlinschrift.de/*
Sütterlin-Lernprogramm:
http://www.uni-saarland.de/~m.hahn/slp2000.htm

Wappenkunde – Heraldik:
Ahnen und Wappen: *http://www.ahnen-und-wappen.de/*
Heraldik im Netz: *http://www.heraldik-wappen.de/*
HEROLD zu Berlin: *http://www.herold-verein.de*
Portal Wappen der Welt in der Wikipedia:
http://de.wikipedia.org/wiki/Portal:Wappen